菅義偉

不都合な官邸会見録

望月衣塑子＋特

宝島社新書

序章　言葉なきリーダーの実像　望月衣塑子

さま変わりした「コロナ後」の記者会見事情

史上初となる「緊急事態宣言」が２０２０年4月7日に発出された後、官邸における首相記者会見の模様は大きくさま変わった。

3密を避けるという理由から、内閣記者会加盟社は1社1人、外国プレスやフリー記者は10人までという人数制限が設けられ、内閣官房長官記者会見も1日1回（それ以前は午前、午後の1日2回）に削減したいという要請がなされた。

記者会側の反発もあり、官房長官会見は1日2回となったが、1社1人という条件は容認という形となった。時間は短縮され、1人につき質問は1問のみ。官邸報道室も、当初は「緊急事態宣言後には元に戻す」ということだったにも関わらず、5月25日に緊急事態宣言を安倍晋三前首相が解除した後も「新型コロナウイルスの第2波、第3波がいつ訪れるかわからない」という理由を持ち出し、官邸報道室は、いまも1社1人の人数制限を継続している。安倍晋三政権から菅義偉政権に移行したが、首相に直接質問する記者会見は、就任時の9月16日の1回を除いて、国会閉会後の12月4日に1回やったのみ。ぶら下がりでの質疑もほとんど手元の紙を読み上げて、立ち去るものが多く、実質的に記者が質問をする機会は、コロナ以前と比べかなり限定され、安倍前首相時代よりも遥かに会見の様相は、悪化している。

この間、菅首相による、日本学術会議の6人の推薦候補者の任命拒否問題やコロナ対策、「ＧｏＴｏトラベル」事業の扱い、また安倍前首相の公設秘書が「桜を見る会」に関して、政治資金規正法違反などの疑いで東京地検特捜部から任意で事情聴取を受けていた問題など、国民に対し自分の言葉で説明すべきと思われる案件がいくつも続いたが、数々の疑惑が出ても会見を開くことはせず、官邸の出入り口で番記者が、質問を投げかけても耳に入っていないかのように、無視して立ち去っている。菅首相の「発信力」というのは、ほぼ無いに等しいようにも見える。桜疑惑の続く安倍前首相の方が、苦しい言い訳ながらも、まだ雄弁、饒舌に答えているように見える。あまりに酷い状況だ。

学術会議問題で露呈した菅首相の答弁力

安倍政権で長く官房長官をつとめた菅首相は、その「守備力」に定評があった。野党やメディアに数々のスキャンダルを追及されても、決定打を許さなかった。しかし、菅氏の答弁が「安定」しているように見えるのは、本人の説明能力が高いわけではなく、単に官僚の用意した想定問答以外の内容を口にしないだけだと私は当時から感じていた。そして、首相になってからの答弁を聞く限り、改めてそうだったと考えている。

「そのような指摘は当たりません」

「まったく問題ありません」

２０１７年６月６日より官房長官記者会見に出席するようになった私は、毎日のようにこうした「菅話法」を聞かされ続けた。

質問に対して的確に答え、それが説明として成り立っているのであれば「守備力」を評価できるのだろうが、決してそうではない。一方的にコミュニケーションを遮り、質問させない、答えない術に長けていることが、「安定のガースー」などと評価されていただけだ。

官房長官時代の菅首相の会見は、事前にメディアから質問を提出させ、それについて答えを読み上げるという「朗読会」がその本質だったが、今回、首相に就任してから2回しか行われていない官邸会見でも、安倍前首相の時以上に、事前の質問取りに勤しむ官邸報道室の職員の話が漏れ伝わってきた。一体、どのくらいの社が、この事前の質問取りの要求にどの程度答えているのかわからないが、会見を見る限りは、フリーを除くほとんどの社が、菅首相に事前質問を投げていることは明らかで、菅首相が、恥ずかしげもなく何度も手元の資料に視線を落とす仕草が目に付いた。

官房長官時代の菅氏に、私は「事前に準備されたペーパーを読み上げているのですか」と質問し、「あなたにそんなことを答える必要はない！」と怒らせたこともあった。手元の紙ばかりを読み上げる官房長官の姿には、正直愕然としたからだ。私たち記者、そして視聴者が知りたいのは、官僚たちが用意した政府答弁の読み上げではないはずだ。現在の状況についての首相の生の考えや本音、それをどうやって言わせるか、ここにこそ、記者は最も心血を注ぎ込む必要があるのではないかと思う。

官房長官時代は、厳しく統制していた番記者たちへのコントロールもあり、官僚の用意した政府答弁のメモで乗り切れていた菅首相も、首相となり国会で野党の追及を受ける立場になると、そうもいかなくなった。

新会員6名の任命を拒否した学術会議問題では、共産党の小池晃議員に追及された菅首相がしどろもどろになり、助け舟を出した加藤勝信官房長官の答弁後、「いま官房長官が言ったとおりです」と発言し、審議がストップする場面も見られた。自分の言葉で答えない、答えられない首相の姿が露わになった瞬間だった。「10億円の予算使って活動」「準公務員とはいえ公務員の立場」「総合的俯瞰的に判断」……一連の学術会議問題における菅首相の答弁は、ほとんど答えになっていないか、官僚から差し出されたメモを棒読みするシーンの連続だった。

前出の小池議員は2020年11月6日の参議院予算委員会で菅首相にこう質問している。

「総理は、今回の任命拒否は学問の自由を脅かすものではないと。総理の考える学問の自由とは一体何ですか」

だが、これに対しても菅首相はメモを読み上げることしかできない。

「全ての国民に保障された基本的人権、特に大学における学問研究の自由、その成果の発表の自由、教授の自由を保障したもの、極めて重要な権利だと思っています」

小池議員がさらに踏み込むと次のようなやりとりになる。

「すなわち、学問の自由というのは個々の研究者の学問研究の自由だけではないという理解でよろしいですね」（小池）

「いま申し上げたとおりです」（菅）

「いや、だから、いま申し上げたとおりは私が言ったとおりですね」（小池）

「全ての国民に保障された基本的人権、特に大学における学問研究の自由、その成果の発表の自由、教授の自由を保障したもの、極めて重要な権利だと思っています。これです」(菅)

学問の自由という重要なテーマについてすら、自分の言葉では何ひとつ語ることができない。そんな首相の姿を象徴的に示すシーンだった。安倍前首相も、野党議員から「壊れたテープレコーダーのようだ」と批判されたことがあったが、菅首相の答弁力を見ると、まだ自分の言葉で答えようとしていた安倍氏のほうがましだったのではないかと思えてくる。

自分の判断を説明できない首相

先にも述べたように、私は官房長官時代の菅氏から「あなたに答える必要はありません」といった露骨な言葉を何度か投げかけられたことがある。

しつこく質問する私と菅官房長官のバトルについては、私自身、これまでも著書に自分の考えを書いてきたし、ジャーナリズムのありかたを考える趣旨で、大きく報道もされた。ただ一般の方々は、官房長官時代の菅氏が感情をあらわにするようなシーンを見たことはあまりなかったのではないかと思う。

だが、菅氏が首相になってから「素の表情」を見せたことがあった。２０２０年10月26日、ＮＨＫの夜のニュース『ニュースウォッチ９』に生出演した菅首相に対し、有馬嘉男キャスターがこう質問した。

「総理は国民がおかしいと思うものは見直していくんだということを就任前からおっしゃっていたと思います。で、この学術会議の問題については、いまの総合的・俯瞰的、そして未来的に考えていくっていうのが、どうもわからない、理解できないと国民は言っているわけですね。それについては、もう少し分かりやすい言葉で、総理自身、説明される必要があるんじゃないですか」

菅首相が「学術会議が選考して持ってきてしまう。１０５人を追認するだけになっている」などと説明すると、さらに有馬キャスターが重ねて質問した。

「多くの人がその総理の考え方を支持されるんだと思うんです。ただ、前例に捉われない、その現状を改革していくというときには大きなギャップがあるわけですから、そこは説明がほしいという国民の声もあるようには思うのですが」

すると、菅首相は苛立ちを隠さない口調でこう語った。

「説明できることとできないことってあるんじゃないでしょうか。105人の人を学術会議が推薦してきたのを政府がいま追認しろと言われているわけですから。そうですよね?」

おそらく、学術会議の問題について菅首相はここまで突っ込んだ質問が、NHKのアナウンサーからなされるとは思っていなかったのだろう。ただ、一国のリーダーが、自身が下した任命拒否の判断の理由を説明できないというのはおかしい。予定にない質問をされ答えに窮したとき、菅首相がどのような反応を見せるのかがよく分かる、貴重なシーンだった。

検証されるべき官房長官時代の答弁

菅氏が首相に就任してから、安倍前首相の「桜を見る会」の疑惑が再燃している。これまで、問題とされてきた「桜を見る会」前夜祭の費用について、安倍前首相は「ホテル側への補填はない」と説明し続けてきた。ところがここにきて、安倍氏の秘書が東京地検特捜部に対し、補填を認めたという報道がなされている。

菅首相は官房長官時代、一貫して「疑惑は存在しない」と当時の安倍首相を擁護し続けてきた。思い出されるのは2019年11月14日の官房長官記者会見だ。

この日、記者会に所属する日本テレビの記者が菅官房長官に質問した。

「(前夜祭の)会費が5000円だったということですが、弊社が当該ホテルに問い合わせをしたところ、1人5000円で宴会はできないということだったんですが、改めてこの5000円という金額の妥当性については長官どうお考えでしょうか」

すると、菅官房長官は質問を遮るようにこう言った。

「5000円でできないことはないんじゃないでしょうか。私どもはいろいろやってます。本当に聞かれたんでしょうか。責任ある人に。ちゃんとした人に聞かれると……私は想定の範囲だと思いますよ」

官房長官が、定例会見の質問にここまで強く反論するのは珍しい。記者はその圧力に言い返せず、質問はここで終わった。私はそのとき、記者の取材活動を根拠も示さず全否定し、強気に「本当に聞いたのか」と言い切る菅氏の口調に違和感を覚えた。ホテル側と何らかの打ち合わせがなければ、ここまで言い切ることはできないのではないかと感じた。

安倍首相が突然「桜を見る会」の関連取材に対応すると言い出したのはその翌日午後のことだった。昼にも取材に応じており、この日2回目。通常は記者団の取材に応じても数分だが、このときは午後6時過ぎから20分以上にわたり対応するという、異例の会見となった。

「5000円はホテル側が設定した」

「(会の前日に行われた)夕食会を含め、旅費、宿泊費等のすべての費用は参加者の自己負担で支払われている」

「政治資金規正法上の違反には全く当たらない」

このときは雄弁に語っていた安倍首相だが、ここにきて、そのすべてがウソだった可能性が高まっている。当時官房長官だった菅首相が、会見で真実ではない情報で記者を威嚇していたとすれば、あまりに悪質だ。

説明不足が際立つコロナ対応

２０２０年12月に入り、新型コロナウイルス感染者数が高止まりするなかで、菅首相はこだわり続けていた「ＧｏＴｏトラベル」の一時停止を決断した。わずか３日前、ネット番組に生出演し「ＧｏＴｏトラベルの見直しは考えていない」と明言した直後のことだった。

政権の支持率が急落するなかで、世論の批判に耐えきれずに方針転換を余儀なくされた格好だが、その背景には、国民に対する決定的な「説明不足」がある。

菅氏は自民党の新総裁に選出された際、「官房長官の時は乱暴な発言をしてましたけど」と語ったが、首相になってからは自分の言葉で語る場面そのものが極めて少なく、何を考えているのかが分かりにくい。

コロナ禍にある有事の日本において、自らの言葉を持たないリーダーは国民を失望させる。もっとも、それは官邸で首相に質問する記者たちの苦悩でもある。

会見しない、声をあげて質問しても無視して通り過ぎるといった菅首相の対応ぶりでは、首相から言葉を引き出すことができないからだ。だが、記者たちができることはまだある。「質問に答えない首相」「国民に言葉を投げかけられない首相」を批判するメディアは少なく、その声も弱いが、それが大きくなれば、官邸もそれを無視することはできなくなる。

小中学校の臨時休校などが決まった直後の2020年2月29日、当時の安倍首相は記者会見に臨んだが、高い注目を集めたこの記者会見で、安倍前首相は、事前に用意した質問5問のみに答えただけ。「まだ質問があります！」と挙手したフリージャーナリスト・江川紹子さんの質問は受け付けずに会見を終えた。

この後、江川さんが会見場で何度も叫ぶシーンが、SNS上で拡散されていった。「会見場にいる記者クラブは何をやっているんだ」といった批判も渦巻いた。

この日の会見場に私もいた。声を上げる江川さんを見て、私も声を上げようか悩んだが、1月~2月にかけて、官房長官だった菅首相に対し、何度か「質問あります！　まだあります！」と叫んでいたところ、幹事社側から再三にわたって、「声を上げないでください」との注意を受け、東京新聞の番記者に批判が集まっていたことがあり、ここで躊躇してしまった。

本来は、しかし私も含めて、記者クラブに所属する社の記者たちがもっと声を上げれば良かったのだが、声を上げた人は誰もいなかった。SNSでの批判は、声を上げずに、台本読み上げの「劇団記者クラブ」のような状況を許す、そんな状況に唯々諾々と従っている記者たちへの不満、SNSで溢れていたのは、答えない安倍前首相というよりも、事前の質問以外には答えない状況を許している、記者たちにこそ向けられているような気がした。私たち記者にとってもショッキングな出来事だった。反響は大きく、2週間後の記者会見では、質疑応答の時間が大幅に長くなった。自民党政権になってから指されたことが一度もなかったフリーランスの神保哲生さんや畠山理仁さんが指されるようになった。記者たちが国民の声をもっと意識し、説明と対応を求めていけば、官邸も首相もそれを無視することはできなくなることは、過去の事例からも証明されている。

SNSが閉塞した官邸に風穴を開ける

私は、政治部に所属しない記者として2017年より官邸記者会見に出席するようになり、納得するまで食い下がって質問するという社会部や経済部時代にやってきたこれまでのスタイルで取材を続けた。そのことがなぜかメディアで話題になり、賛同や応援、あるいは圧力やバッシングを受けることにもなった。

その経験については『新聞記者』（角川新書）ほかいくつかの著書や記事でも書いてきたが、最近になって痛感しているのはSNSを中心とする国民の直接的な声が、世論をつくり、時の政権の政策判断にも影響を及ぼすようになっているという現実だ。

史上最長となった安倍前政権においては、菅官房長官、二階俊博幹事長、麻生太郎財務相といった主要ポストが固定化され、安倍前首相が辞任した後も、その大まかな枠組みは変わっていない。官邸周辺には、いまも安倍政権時代の人間関係が色濃く残っており、政治部の記者たちも、菅首相や二階幹事長にはっきりものを言いにくい、「安倍、菅、二階、麻生側から言われたことは断らずマスト

（絶対やらなきゃいけない）案件」（経産官僚）、といった雰囲気は根強くあると聞く。

しかし、国民の声が直接反映されるSNSに「委縮」や「忖度」はない。私がこれまで自分のスタイルを続けることができたのも、賛同し後押ししてくれる一般の方々の声があったからだし、先に述べた安倍前首相の記者会見がわずかとは言え変化したことや、黒川弘務・元東京高検検事長の違法な閣議決定による定年延長は行われたものの、その後、これを正当化する検察庁法改正法案は、広告会社の「笛美さん」が始めたツイッターデモ「#検察庁法改正法案に抗議します」がコロナ禍の中でも一気に広がり、１００万呟きを超え、最終的には法案は見送られることになった。SNSの力が確実に政治を変える原動力になりつつある。

菅首相が、いわゆるぶら下がり取材で記者の質問に答えずその場を立ち去る。しかし、記者をスルーすることはできても、そのシーンを見た一般の方々から批判が上がれば、それを無視することはできない。菅首相のコロナ禍対応に、メディアやSNSで批判が渦巻き、12月12日に実施された毎日新聞の世論調査で、不支持率49％が、支持率40％を逆転すると、頑迷な菅首相の態度は豹変した。

こだわっていた「ＧｏＴｏトラベル」を年末12月28日から年明け1月11日まで全国一斉停止を決め、ぶら下がりでも幹事社の2問以外は、逃げるように何を聞かれても無視していった菅首相だが、記者が声を掛けられると、立ち止まって答えるシーンが増えてきた。

記者クラブだけをコントロールしていれば何とかなるといったかつての官邸の姿に戻ることはできないのだ。そして同様にメディアもいま何を聞くか、聞いているのかという姿がさらされる時代になった。本来、果たすべき仕事をしなければ、容赦なく世論からは厳しく批判される。そうした時代がすでに到来している。

望月　衣塑子（もちづき・いそこ）
1975年東京都生まれ。東京新聞記者。慶応大学法学部卒業後、東京・中日新聞社に入社。
千葉支局、横浜支局を経て社会部で東京地検特捜部を担当。その後、経済部などを経て社会部遊軍となり、2017年4月以降は「森友・加計学園問題」を取材。官房長官記者会見での鋭い追及が話題となる。著書『新聞記者』（KADOKAWA）は映画化され、同作品は日本アカデミー賞の主要3部門を受賞。

目次

2章 「桜を見る会」 特別取材班

3章　日本学術会議　特別取材班

4章 森友・加計学園

特別取材班

5章　新型コロナウイルス　特別取材班

【付録】菅義偉首相記者会見全文（2020年9月16日、12月4日）

1章　「菅話法」の本質

特別取材班

新書から削除された「不都合な一節」

2020年10月、文藝春秋から刊行された1冊の本が話題になった。著者は菅義偉首相。『政治家の覚悟』（文春新書）と題されたその本は、菅首相が野党議員時代の2012年3月に出版した著書を改訂したものだった。

「当時はほとんど話題にならなかった本です」

と語るのは当時の事情を知る出版関係者だ。

「2012年の本は、文藝春秋の企画出版セクションが制作したもので、菅氏が資金を拠出する形で刊行された自費出版です。政治家にはよくあるパターンで、自分の考えをまとめて書籍化し、政治資金パーティーや勉強会で配布したり販売したりする。初版の部数も小さく、書店ではほとんど売られていなかったものと思います」

その書籍が、首相になった2020年に新書になって蘇ったというわけだが、話題となった理由は「元本の内容の一部が削除されている」というネガティブなものだった。

2012年に刊行された書籍では、旧民主党政権が東日本大震災時、会議で十分に議事録を残していなかったことを批判し、「千年に一度という大災害に対して政府がどう考え、いかに対応したかを検証し、教訓を得るために、政府があらゆる記録を克明に残すのは当然で、議事録は最も基本的な資料です。その作成を怠ったことは国民への背信行為」という記述があった。だが、新書ではその内容が章ごと削除されていたのである。

この件について、文藝春秋は次のように見解を表明している。

〈一部報道に、ベースとなった単行本にあった「千年に一度という大災害に対して政府がどう考え、いかに対応したかを検証し、教訓を得るために、政府があらゆる記録を克明に残すのは当然で、議事録は最も基本的な資料です。」という記述が削除されているという指摘がありますが、同記述は民主党政権の東日本大震災への対応について述べた第四章にあるものです。第三章と第四章は菅氏が野党時代に民主党政権を批判した内容で旧聞に属するため、編集部の判断で収録しない構成案を作成しました。

新政権誕生というタイミングで、この構成案を菅氏に示し、了解を得て出版したのが『政治家の覚悟』です。文春新書編集部としましては、特定の文言の削除を意図したものではないことを明記いたします。〉

先の出版関係者が語る。

「文春が説明する通り、その部分を削除する意図はなかったと思います。同社の週刊誌、月刊誌は政権批判が売りですし、いまさら旧民主党を批判しても仕方がないというのも分かる。ただ、こうした批判が噴出することはある程度、予想できたのではないでしょうか」

記者に指摘されていた「ブーメラン」記述

実は、前述の「削除部分」については２０１７年、当時官房長官だった菅氏が記者に質問を受けている。

2017年8月8日、官房長官記者会見で、朝日新聞記者がこんな質問をした。

「『政府があらゆる記録を国民に残すのは当然で、議事録というのはその最も基本的な資料。その作成を怠ったことは国民への背信行為だ』と言っている、本に記している政治家を官房長官、ご存じですか」

当時、国家戦略特区での獣医学部新設を巡り、2015年6月のワーキンググループの議事要旨で加計学園側の出席者の氏名や発言が記載されていなかったことが問題になっていた。

質問を受けた菅官房長官は即答した。

「知りません」

すると記者が畳みかけた。

「これ官房長官の著作に書かれているんですが、2012年の著作で表明されていた見解と、いま政府で現状起きていることを照らし合わせて、忸怩たる思いとか、やはりきちんと記録に残すべきだというお気持ちにはならないんでしょうか」

菅氏は即座に反論した。

「私は残してると思いますよ。ワーキンググループは国家戦略特区制度の趣旨にかなうよう運営し、非公式な説明補助者（加計学園幹部）の発言は議事要旨に掲載しないと。ご指摘のケースも通常の扱いであると」

会見はここで時間切れとなったが、それまで誰も注目していなかった著書『政治家の覚悟』のなかに「ブーメラン」の要素が含まれていたことが初めて知れわたったのである。

菅氏が首相となり、再び著書が脚光を浴びる格好となったとき、記者たちがこのときのやりとりを思い起こしたのは当然だった。

改訂された新書版の『政治家を動かせ』はベストセラーとなったが、皮肉なことに親本の値段が古書市場で高騰。また、その後の学術会議問題では「個別の人事についてはお答えを差し控える」と繰り返す菅首相に対し、野党議員が「そう言うならば、著書のなかで、個別の官僚人事について詳細に語っているのはどうしてか」との追及材料を与えるなど、菅首相にとってはあまり嬉しくない「ベストセラー」になってしまった。

論点ずらし「ご飯論法」の常習犯

官房長官時代の菅氏は、「失言が少なく、守りに強い」と高い評価を受けてきた。だが、首相になってからというもの、野党の厳しい追及に対し、官僚の作成したペーパーを棒読みし続ける菅氏の姿に、かつての安定感はまったく感じられない。

安倍政権時における首相や閣僚の数々の答弁を、「ご飯論法」と名付けたのは、上西充子・法政大学教授だった。

「ご飯論法」とは論点ずらしの手法で、「朝ごはんを食べたか」と聞かれたとき、パンを食べているのに「(コメの)ご飯は食べていない」と質問側の意図を曲解して答える、ごまかしの答弁を指す。「霞が関文学」とも呼ばれる官僚答弁でもしばしば見られる手法だ。

もとは2018年、当時の加藤勝信厚労相(現・官房長官)の働き方改革関連法の審議における答弁に対し、上西教授が名付けたものだが、やがてこの欺瞞に満ちたレトリックが、安倍政権全体に蔓延していることが明らかになってきた。もちろん、菅氏も代表的な使い手の1人である。

官房長官は首相を守るのが仕事と考えれば、ご飯論法もまだ罪は軽かったかもしれない。だが、首相となってからもそれを続けるとなると、その意味は大きく変わってくる。

結局のところ、菅氏の安定感とは、不都合な質問には答えない、論点をずらす、質問させないという詭弁の論理に立脚したものであり、そのお膳立てをしていたのは菅氏を支える官僚たちだったというのが真実ではなかっただろうか。

2020年9月、菅官房長官は「安倍路線の継承」を一大看板として、自民党総裁に選出された。しかしこのとき、菅氏の口からは、一国のリーダーとして何をしたいのか、日本という国の未来に関するビジョンは具体的に伝わってこなかった。

菅氏は9月16日の総理就任会見でこう述べている。

「私が目指す社会像、それは自助、共助、公助そして絆であります。まずは自分でやってみる。そして、家族地域で、お互いに助け合う。その上で政府がセーフティーネットでお守りをする。こうした国民から信頼される政府を目指していきたいと思います。そのためには行政の縦割り、既得権益、そしてあしき前例主義、こうしたものを打ち破って規制改革を全力で進めます」

だが、この抽象的なメッセージを記憶している人はほとんどいないだろう。コロナ対策の遅れで、規制改革にまで手が回っていないのが現実だ。

「答えない権利」を振りかざす政治リーダー

菅首相は官房長官時代、経済誌『プレジデント』に人生案内の連載を持っていた。そこに自分自身のリーダー論を語っている部分がある。

菅氏は米国の国務長官をつとめたコリン・パウエルの著書を引用し次のように述べている。

〈コリン・パウエルさんの『リーダーを目指す人の心得』という本は官房長官になる前後に読みました。

官房長官就任後は毎日2回の記者会見をするようになりましたが、大臣の会見とはまるで勝手が違う。大臣のときは週2回、所管のことだけを話していましたが、官房長官となった今は、世の中で起きているありとあらゆることについて政府の公式見解を述べる必要があるわけですから、やっぱり構えてしまいます。

パウエルさんは黒人で初めて米軍制服組のトップになり、国務長官になるわけですけど、やはり「記者会見が大変だ」と書いてあるんですよ。自分の一言が世界に影響するわけですから。それに、記者は引っかけの質問も多いからひどく悩んだということも書いてあります。

そのときパウエルさんが気付いたのが「記者には質問する権利があるが、私には答えない権利がある」ということ。そう思ったら楽になったとありました。その言葉を読んだ私も気が楽になったのを覚えています。〉(『第99代総理大臣　菅義偉の人生相談』プレジデント社)

1日2回の官房長官会見をこなさなければならない立場としては、正直な告白と受け止めることもできる。守るべき情報を守り、政権の安定を目指す官房長官の役目を考えれば、守備的になることはある意味で当然だろう。

しかし、総理大臣になっても「答えない権利がある」という考えにしがみついているのだとすれば、それは間違いだ。記者の質問する権利と、一国のトップの「答えない権利」を同列視されては、おそらく国民は不幸になるだろう。

データが示す「答えない」政権の姿勢

菅首相の「答えない」姿勢を見える形で調査したデータがある。2020年12月5日に閉会した臨時国会。衆参両院の予算委員会において、学術会議問題、「桜を見る会」の問題について菅首相の答弁285回を検証すると、全体の2割以上にあたる67回が「答えを差し控える」「答える立場にない」といった説明を避ける表現だった。

「答えを控える」という表現に着目し、初めて過去のデータを調査したのは立命館大学の桜井啓太准教授（社会福祉学）である。

桜井准教授は、学術会議問題において「答えを差し控える」という答弁が多用されていることをきっかけに、１９７０年から２０２０年10月８日までの国会議事録を精査。「お答えを差し控える」という答弁の数を調査したところ、昭和の時代は２ケタ、多くても年間１００件程度で推移していた答弁数が、２０１２年に発足した第２次安倍政権後に急増。特に２０１７年から２０１９年は年間５００件を超えていた。

かつては外交や防衛に関するごく一部の質問に対し「差し控える」という言葉が使用されていたが、安倍政権では森友・加計学園問題や「桜を見る会」の追及をかわすために「差し控える」が多用されていたことが分かる。

菅首相もこの「答えない」手法を駆使していることは前述のとおりだが、安倍政権後の政治がいかに「説明しない」スタイルを押し通しているかが分かるデータである。

「個別の人事については答弁を差し控える」

「捜査中の事案につき答弁を差し控える」

一体、何度この言葉を聞かされてきたのだろうか。これが「鉄壁のガースー」の正体だとしたら、あまりにお粗末な話である。

墓穴を掘った「怪文書」発言

官僚出身ではない菅氏は、最初からこうした論点ずらしの話法を得意としていたわけではない。野党時代の著書に「政府があらゆる記録を克明に残すのは当然」と書いたように、かつては自分自身の主張を明快に述べていた。守りの答弁にシフトするようになったのは、官房長官となってからの話である。

20年前の2000年、当時の森喜朗首相に対して、宏池会会長だった加藤紘一氏らが辞任を迫った「加藤の乱」の際、加藤氏に同調した菅氏は「森喜朗首相を選んだ責任もあるが、辞めていただく責任もある」と気炎を吐いている。当時のイメージは「暴れん坊」で、本会議採決の常習犯としても知られていた。

ところが、2012年12月にスタートした第2次安倍政権において官房長官に起用されてからというもの、少なくとも切れ味の良い答弁は聞かれなくなった。

特に、長期政権の緩みが出始めた2017年以降、次々と安倍首相周辺でスキャンダルが噴出するなかで、防戦を強いられるようになった菅氏からは、苦しい弁明、根拠なき強気の答弁が目立ち始める。

いまも記憶に新しいのは、加計学園問題に関連する「怪文書」発言だ。

2017年5月17日、当時の菅官房長官は「(獣医学部の)設置の時期については、今治市の区域指定時より『最短距離で規制改革』を前提としたプロセスを踏んでいる状況であり、これは総理のご意向だと聞いている」「官邸の最高レベルが言っている」などといった文言が含まれる、文科省が作成したとされる文書について記者会見で問われ、次のように述べている。

「何を根拠に……なんでしょう。まったく、怪文書みたいな文書じゃないでしょうか。出どころも明確になってない。そういう文書のなかで……ということでしょう」

しかしその後、前川喜平・元文科省事務次官が「文書は本物」と証言。また6月2日には当時の民進党が文科省内で送られたとみられるメールの写しを公表。5日にはNHKが「共有フォルダーに一時、文書が保存されていたと現役職員が証言」、6日には朝日新聞が現役職員の証言として「省内の複数の部署で共有されていた」と報じると、菅氏は「存在するかも含めて答えられない」と答えるようになった。

結局、文科省が再調査した結果、一連の文書と同じ内容、または極めて似ている14の文書が見つかると、菅氏は6月16日の参院予算委員会で、「怪文書」と批判した自らの発言の撤回を余儀なくされた。

「当時は出所や入手経路が不明で、信憑性もよく分からなかった。不可解な文書なので『怪文書』と言った。複数の文書の出所が明らかになり、(怪文書とは)現在の認識でない」

官房長官が、信憑性も分からないまま「怪文書」と発言するはずがない。すべて分かっていながら、あえて「怪文書」と強引に片付けてしまおうと考えたが、余計に疑惑を深める結果となり、軌道修正したというのが真実である。

政治の師「梶山静六」の教え

発信力に欠けると言われる菅首相だが、自分自身の政策、考えに対するこだわりは強く、特に官僚やメディアに主導権を握られることを嫌うことで有名だ。

菅首相が「政治の師」と仰ぐ人物は、橋本龍太郎内閣で官房長官をつとめた梶山静六氏（故人）だ。

菅氏は自身の著書『政治家の覚悟』でこう述べている。

〈初当選して以来、師事していた梶山静六先生（故人）は、「おれは官房長官の時に、バブル崩壊の処理について、6850億円を投入した住専以外に不良債権はないかと官僚に聞いたら、この問題さえ解決してもらえれば他にありませんと答えた。それが、後から不良債権が100兆円も出てきた。信用したのが失敗だった。あのときに解決していればなあ」

と、自嘲気味によく話されていました。

「官僚は説明の天才であるから、政治家はすぐに丸め込まれる。お前には、おれが学者、経済人、マスコミを紹介してやる。その人たちの意見を聞いた上で、官僚の説明を聞き、自分で判断できるようにしろ」

と常々言っておられたものです。〉

安倍政権で内閣人事局を仕切った菅氏は、官僚操縦のスペシャリストとして認知されてきた。しかし、首相になってからの「棒読み答弁連発」を見ていると、自分の言葉を持たない政治家の哀愁が漂ってくる。操縦されているのは、果たして官僚なのか、それとも首相なのか、分からなくなってきているのだ。

菅首相自身、説明省略スタイルに批判が高まっていることを認識しているフシがある。

２０２０年12月11日、『ニコニコ動画』の生放送番組に出演した菅首相は冒頭、「こんにちは、ガースーです」と半笑いで挨拶したが、コロナ禍の日本において、一国のトップがあまりにも緊張感のないギャグを放ったことは、笑えない衝撃として受け止められた。

誰かに入れ知恵をされたのか、それとも自ら「親近感ある首相」を演出したのかは分からないが、慣れないことをして大滑りする最悪の結末を招いたことは間違いない。

この番組では「いつの間にかＧｏＴｏが悪いことに」と人ごとのように釈明した菅首相であったが、わずかその３日後に「ＧｏＴｏトラベル」の全国一時停止が表明された。その決断が評価されたのであればまだマシだが、世論調査では国民の多くが「遅すぎた」と判断しており、支持率の回復にはつながっていない。

疑惑隠蔽のＡ級戦犯

菅首相に対する不信の根底には、安倍政権時代の「疑惑隠蔽責任」がある。

不良債権を残したまま辞任した安倍前首相の政治家としての功罪が歴史のなかに正しく評価づけられるためには、官房長官として政府の立場を説明し続けてきた菅氏の発言の検証は欠かせない。

森友・加計学園問題、「桜を見る会」、検事長定年延長問題、河井元法相夫妻の公職選挙法違反疑惑など、一連の疑惑隠しに奔走してきた菅氏が、果たして「悪しき前例主義」を打破する規制改革を実行できるのか。首相となって3ヵ月が経過したいまも、そのイメージは固まってこない。

菅氏は、『菅義偉の人生相談』（プレジデント社）のなかで、次のように語っている。

〈私は、世論というのはその時々の感情を大きく反映するものだと思っています。そんな中で本質、理性を見失わず、間違っていないと信じることを自信を持ってやり続ければ、時間経過の中で局面を変えることができると思います。〉

世論に流されず、信念を貫く――言葉にすれば短いが、もっとも難しいことである。

すでにコロナ対策では、肝いりの「ＧｏＴｏトラベル」が一時中止に追い込まれた。今後、五輪開催の可否や、２０２１年に実施される解散総選挙など、菅氏は重要な政治判断を迫られることになる。菅政権が短命に終わるのか、それともコロナ禍を乗り越え継続するのか。それはひとえに、菅首相が離れつつある国民との距離感をどう縮め、累積された政治不信を払拭できるかにかかっている。

2章　「桜を見る会」

特別取材班

読売スクープで再燃した「桜」疑惑

安倍政権末期の1大スキャンダルとして知られる「桜を見る会」疑惑。招待に値する特段の功労・功績もない安倍首相の後援会関係者が多数、「桜を見る会」に参加していたほか、反社会的勢力関係者が招待されていた疑惑、都内のホテルで開かれた「前夜祭」の費用を、安倍事務所側が補填していたのではないかという公職選挙法違反疑惑（買収）などがその主な中身である。

この問題は2019年5月以降、共産党議員より追及が始まり、2019年11月以降は野党やメディアがこの問題を集中的に取り上げる事態となった。

その後、2020年2月以降に新型コロナウイルスの問題が大きくなると、喫緊性の観点から「桜を見る会」の追及はいったん止まる。そして同年8月に安倍首相が辞任を表明。疑惑の当事者が退陣したことにより、「桜」の話題はフェードアウトしていた。

ところが菅政権が発足して2ヵ月が経過した11月23日、この問題が再燃する。スクープ報道したのは、意外にも「親・安倍」と見られていた読売新聞だった。

〈安倍晋三前首相（66）側が主催した「桜を見る会」の前夜祭を巡り、安倍氏らに対して政治資金規正法違反容疑などでの告発状が出されていた問題で、東京地検特捜部が安倍氏の公設第1秘書らから任意で事情聴取をしていたことが、関係者の話でわかった。特捜部は、会場のホテル側に支払われた総額が参加者からの会費徴収額を上回り、差額分は安倍氏側が補填していた可能性があるとみており、立件の可否を検討している。

前夜祭は安倍氏の選挙区の山口県下関市に事務所を置く政治団体「安倍晋三後援会」が主催しており、公設第1秘書は同団体の代表を務めている。

前夜祭は2013年から19年まで、首相が政財界人や文化人らを招待し、歓談する「桜を見る会」の前日に東京都内のホテルで開かれた。安倍氏の地元・山口県の支援者らが1人5000円の会費で参加し、飲食が提供されるなどした。19年の参加者は700人超。野党側は昨年の臨時国会以降、会費が安すぎ、安倍氏側が差額分を補填していたのではないか、などと指摘していた。

これに対し、安倍氏は5000円の会費はホテル側が設定したもので、安倍氏の事務所職員が参加者から集めて全額をホテル側に渡したと説明。「後援会としての収入、支出は一切なく、政治資金収支報告書への記載の必要はない」などと反論し、「事務所側が補填したという事実も全くない」と述べていた。〉（『読売新聞』2020年11月23日）

もともと前夜祭は「5000円で費用をまかなえるわけがない」と指摘されていたが、安倍首相側は「ホテル側が値段を設定した。信用がある客とそうでない客では当然、値段設定は異なる」などと説明し、事務所側からの補填は一切なく、従って政治資金収支報告書の記載もないと説明していたのである。

だが、それとは正反対の内容が報道された。情報が検察サイドからリークされているのは間違いなく、事実関係について安倍首相は「お答えを差し控える」というだけで、いまのところ否定していない。

この「桜を見る会」については、国会で数ヵ月もの間、長い時間をかけた「攻防」があった。極めて濃厚な疑惑がありながら、安倍首相は最後まで証拠を示さず前述の主張を繰り返し、内閣府は「招待客の名簿は破棄済みで存在しない」と言い切ってきた。

そして、この論理を補強して政府の立場を語ってきたのが官房長官だった菅氏である。

首相が自ら認めた「責任」

2020年11月25日の参院予算委員会では、「桜を見る会」についてこんなやりとりがあった。菅首相に質問したのは福山哲郎氏（立憲民主党）である。それまで野党議員から集中砲火を浴びながらも「お答えする立場にない」「捜査機関の活動内容に関わるので答弁を差し控える」の一点張りだった首相が、ついに「責任」に言及したのである。

福山　いや、十分お答えする立場だと思いますよ。だって、あれだけ1年間虚偽の答弁を繰り返した安倍内閣の官房長官で、同じような、平仄を合わせた答弁をされてきたわけですから。それは私が言う立場ではないとか聞く立場ではないというのは、多分国民には理解得られないと私は思いますよ。

そして、国会との関係も僕は非常に問題だと思っています。総理、ごめんなさい、メモ見ないで聞いてください。私、実は相当遺憾に思っています。総理、ごめんなさい、メモ見ないで聞いてください。私、実は相当遺憾に思っています。

私、この予算委員会、今年の3月4日です。安倍総理に、前夜祭と同じ、やった会場の明細書掲げて、あの前夜祭とは違うけど、このような明細書は出るはずだと。で、「5000円でなんか、こんな安い料理は提供されるわけがない」と。もしそれを記載していないんだったら政治資金規正法違反だと。そして、それを安倍事務所が補填していたなら、これも違法行為だと言ったんです、安倍総理に向かって。そうしたら、安倍総理、何と言ったかというと、「収入、支出は発生していないので記載していない、事務所側がこれを補填をしたという事実も全くないということでございます」と。

この答弁、いまとなっては大ウソですよ。全くの虚偽答弁。これじゃ、国会審議成り立たないじゃないですか。総理、そう思われませんか。これは行政府と立法府の関係です。行政府の長がいま、菅内閣総理大臣です。こんな答弁されたら、国会成り立たないじゃないですか。菅総理、そう思われませんか。

僕、本当に一体何だったんだと思いますよ、1年間。いろんな方から、まだ桜やるのかとか、いっぱい批判をいただきましたよ。だけど、結果、野党が指摘したとおりじゃないですか。明細書も領収書も発行していない。発行していないどころか、発行していたじゃないですか。補填もしていたじゃないですか。

菅総理、これ、行政府と立法府の関係として、このような状況はどう思われますか。遺憾だとか、それはまずいとか、何か、行政府の長として、総理、何かおっしゃっていただけませんか。

菅 いま委員からの質問の中で、中身の内容というのは、安倍総理、前総理の関係団体のことです。私自身は、具体的な事実関係については知る立場でもありません。そして、私が答弁をしてきたというのは、安倍総理に確認をしながら答弁をしてきたということは申し上げています。
ですから、これが、事実関係が明らかにない、まだこの捜査機関の活動内容に関わることでありますから、私から答弁することは差し控えたいというふうに思います。
福山　総理も官房長官時代、領収書については「全てホテル側に確認を取った上でお答えをしております」と言っているんですね。そうすると、ホテル側は明細書も領収書も発行しているわけですが、これ、ホテル側がウソを言ったということですか。秘書官、やり取りしているので邪魔しないでください。
菅　私は、安倍総理が、前総理が国会で答弁された内容について、確認するときは確認をしながら答弁をしています。いま委員言われましたけど、この捜査中の内容について、私は事実関係を承知しておりませんので、答弁する立場にはないというふうに思います。
（いったん速記中止）
菅　私、いま申し上げていますように、安倍前総理が国会において答弁された内容について、これ安倍総理の関係団体のことでありますので、私は確認しつつ答弁をしてきました。

で、その事実がもし違ったと、これは仮定については私はお答えする立場じゃないと思いますけど、事実が違った場合は、それは当然私にもこの責任、答弁をした責任は私がありますから、そこは対応するようになるというふうに思います。

事実が違った場合にどのような「対応」をするのかは分からないが、安倍氏の公設第一秘書が立件されるのは既定路線で、そうなった場合に菅首相が再びこの問題で追及されることは間違いない。

「本当に聞かれたんでしょうか」

振り返れば、この「桜を見る会」の問題は、他の疑惑と同様、初動対応を誤ったことで最後は政権の「アキレス腱」になってしまったスキャンダルだった。

最初からすべての事実を認め、今後は改めるとの方針で説明すれば、ここまで大きな問題にはならなかったはずだが、長期政権の慢心か、周囲の誰もが安倍氏に「正直な対応」を進言できなかったのである。

２０１９年11月13日、予定よりも20分ほど遅れ定例記者会見に臨んだ菅官房長官は、翌年度（２０２０年）の「桜を見る会」の中止を発表した。

この日午前の会見では、「首相枠という特別なものはない」と説明していた菅氏だが、午後の会見では実質的にそれを認めた。

この日、メディアが大きく「桜を見る会」の問題を報じたこともあって、報道機関の取材が過熱。立憲民主党の安住淳・国会対策委員長も「ホテル（ニューオータニ）側に確認したが、立食の会食は最低１万１０００円からということだった」と発言し、１人５０００円の会費で「前夜祭」を開催していた安倍首相サイドが、差額を補填していたのではないかという疑惑が持ち上がった。

11月14日には、日本テレビの記者が「ホテル側は５０００円ではできないと言っている」と取材成果をぶつけると、菅氏はこう凄んだ。

「本当に聞かれたんでしょうか。責任ある人に」

いま思えば、この時点で「5000円で前夜祭開催ストーリー」の根回しは始まっていたのだろう。

その後『週刊文春』が報じたところによれば、安倍事務所は11月15日にニューオータニ幹部を議員会館に呼び「会費は5000円」との口裏合わせが行われたという。そしてこの日、安倍首相は20分に及ぶぶら下がり取材に異例の対応。火消しに走っている。

安倍首相はこのとき「収支報告書に記載がない」という質問についてこう答えていた。

「収支報告書への記載は、収支が発生して、それは発生するんです。これは公職選挙法を見ていただければ明らかなんですが、それは政治資金規正法上、収支が発生して初めて、記入義務が生じます。いま申し上げましたように、交通費、宿泊費等について、直接、代理店に支払っていれば、これは後援会に収支は発生しません。えー、前夜祭についてもホテルが領収書を出し、そして、そこで入ったお金をそのままホテルに渡していれば、収支は発生しないわけでありますから、政治資金規正法上の違反には全く当たらないということであります。で、その際ですね、事務所の者が、そこで受付をするということは、これは問題ないということでございます」

その後繰り返される「違法性なし」の論理だが、最初に「ウソをつき通す」という作戦を強行したことによって、菅官房長官もその後数ヵ月にわたり、虚偽の説明を繰り返さなければならなくなる。

「平然とウソをついていた」可能性

11月15日の会見では、記者から「5000円で開催するにはどのような方法があるのか」と質問された菅氏は、ペーパーを見ないでこう答えている。

「ホテルに趣旨を話すことで、柔軟に対応いただけると思っています。そこは過去にも経験があります」

「（政治家はみなそういう金額で立食パーティーを開催しているのかと問われ）あのー、通常はあれなんじゃないでしょうか。100人くれば100人分の立食を用意することはないんじゃないでしょうか。通常は何割掛けでやっている。通常7割でやっている」

やや薄笑い気味で答える菅氏。だが、それは余裕から生まれる表情ではなく、誰が聞いても詭弁と分かる気まずさを取り繕う政治家の顔だった。

菅氏にウソをついているという認識があったかどうかを証明することは難しい。だが、常識的に考えて、政府の立場を語る官房長官が、確実な土台となる情報もなしに答弁することなどありえない。そう考えると、菅氏は「少なくともウソは言わない」という政治家ではなく、「政権を守るためであるならば、見え透いた嘘であっても平気で言う」人物ということになる。「通常7割」などという言い訳など何の意味もなかったわけだが、これで国民を騙せると思っているのだから悪質である。

官僚の良心を踏みにじった安倍政権

官房長官時代の菅氏は、「桜」問題について「招待者が年々増えた」「予算額が急増した」といった、反論できない部分については認め、「桜を見る会」そのものを中止することによって問題の幕引きを図ろうとした。しかし、前夜祭費用の補填疑惑や招待者名簿の廃棄など、細かいウソを積み重ねたおかげで、収拾がつかなくなっていく。

招待者名簿の廃棄問題は、招待者の区分や人数、また反社会的勢力とされる人物の招待が表面化することを防ぐため、官邸サイドが内閣府に指示したものと見られている。

このことで、内閣府の担当者は、「桜を見る会」を追及する野党合同ヒアリングで厳しく追及され、公開の場所で叱責されることになった。官僚が、翌年も参考使用するはずの文書をわざわざシュレッダーにかけ、電子記録まで抹消するとは誰も考えていない。政治家の保身から出たウソが、官僚の良心を蝕む。こんな政治家に「官僚を動かせ」などという本を書く資格はないだろう。

厚労省のキャリア官僚だった千正康裕氏は近著『ブラック霞が関』（新潮新書）のなかで、官僚の立場から見た野党合同ヒアリングについてこう述べている。

〈2000年代半ばからこうした会議はテレビカメラ入りで行われるのが通例となり、テレビで放映されるようになった。最近はインターネットでも動画配信される。議論が国民から見えるようになったのはよいことだが、テレビが入るとなると追及する議員側も厳しく追及する姿勢を見せたいという事情もあり、時にはパワハラに近いような追及も見られる。

もちろん、野党が必要とする回答や情報を政府が出さないから、より追及が激しくなるというケースもあると思うし、政府は説明責任を果たすべきとも思う。ただ、官僚の判断で勝手に野党に新しい回答をすることは許されていない。善し悪しはさておき、政権の立場からすれば、追及のネタを提供するなと考えるのは当然だろう。従って野党に新しい回答や情報を提供するためには、大臣など役所にいる政治家の幹部の了解が必要となる。

つまり、野党合同ヒアリングに出席する官僚は、ゼロ回答をしなければならない前提で追及の矢面に立つことになるので、要領を得ない説明を繰り返すことになる。〉

近年、若い世代のキャリア官僚が大量に退職していく問題や、そもそも優秀な学生が国家公務員を目指さない問題が議論されている。

こうした原因の一部を作ったのが、安倍政権であったことは疑いようがないだろう。疑惑を隠すため官僚にウソを強要し、国会での厳しい質問に対応できるようなメモを徹夜で作らせる。官房長官だった菅氏にも大きな責任があることは言うまでもない。

集中砲火を浴びた官邸会見

2019年12月に入ると、菅官房長官は「桜を見る会」に関する質問に対してほとんど何も答えなくなっていく。答弁するたびに新しい問題が発生する悪循環を断ち切る意図があったと思われるが、その中身はひどいものだった。
12月4日の会見では、招待者名簿の文書廃棄が主要なテーマとなったが、このとき菅氏は何度も答えに窮し、事務方からの「お助けメモ」は10回以上も差し入れられる事態となり、その「異変」そのものがニュースとして報じられた。
やりとりの一部を正確に再現してみよう。

――「桜を見る会」についておうかがいします。招待者名簿をめぐっては、共産党議員から資料要求のあった5月9日に名簿が廃棄されていたことを野党は批判していますけれども、電子データは削除後も最大8週間は残る仕組みということでした。5月21日に内閣府の幹部が国会で、招待者名簿について廃棄したと説明しましたけれども、この時点でバックアップのデータは残っていたと考えてよろしいんでしょうか。

菅　ま、招待者名簿については公文書管理法や、ガイドラインなどのルールに基づいて、あらかじめ保存期間を1年未満と定めたうえで、それに従って廃棄をしております。電子データの削除後、最大8週間はバックアップデータに保存されているので、5月7日から9日ごろ、データを消却した後、最大8週間残っていたのではないかと思います。

――いまおうかがいしているのはバックアップデータが残っていたかどうかなんですけれども、5月21日の時点で残っていたかどうか、その点についておうかがいしているんです。

菅　5月7日から9日の間にデータを消却した後、最大8週間は残っていたことになるかと思います。

――長官、このバックアップデータについては公文書という認識はあるんでしょうか。

菅　内閣府からは、バックアップファイルは一般職員が業務に使用できるものではないことから、組織共用性を欠いており、行政文書に該当しない、こういう説明を受けてます。なお、情報公開・個人情報保護審査会の答申では、「情報公開請求の対象となる電磁的記録とは、それを保有する行政機関において、通常の設備、技術等により、その情報内容を一般人の知覚により認識できる形で提示することが可能なものに限られる、と解するのが相当である」とされております。……ですから、行政文書に該当しないということです。

——野党側は、バックアップデータが残っているにもかかわらず、なぜ資料要求に応じなかったのかと批判していますけれども、応じなかったのは行政文書に当たらない、そういうご認識からということですか。

菅　ま、詳細は事務方に聞いていただきたいと思います。通常は紙の文書の廃棄に合わせて、えー……（事務方からメモ1回目）ま、電子データも……廃棄するというように承知しておりますけれども、名簿はルールに従って、えー廃棄しており、バックアップファイルというのは行政文書ではないという認識、ということです。

——招待者名簿の電子データを削除したのは5月7日から9日の間だという長官の説明がありましたけれども、名簿については会の終了をもって使用目的を終えるということで、遅滞なく廃棄するというご説明が続いていましたけれども、これ（会の終了から）削除まで時間がかかったのはなぜなんでしょうか。

菅 まずこれ、詳細は事務方に聞いていただきたいと思いますけれども、通常は紙の文書の廃棄に合わせて、電子データも消去する……このようで、取り扱いのほうは。

10回以上も事務方が「メモ」差し入れ

ここまでは朝日新聞の記者が中心に質問していたが、ここから北海道新聞、さらに毎日新聞の記者が追及していく。

――電子データのバックアップデータが残っていた可能性なんですけれども、長官のいまのご答弁ですとつまり、5月21日の時点ではデータが残っていた可能性があると理解するんですが、内閣府は5月21日の国会答弁で名簿を廃棄した、したことについては問題がないという認識でよろしいんでしょうか。

菅 ……ちょっとお待ちください。（約30秒中断、事務方からメモ2回目）ま、ルールに基づいて対応しており、ま、公文書ではないとの判断であります。

――名簿廃棄についてなんですけれども、4月22日に大型シュレッダーの予約を入れていたということで、その時点で政府としては名簿を廃棄する意向があったと思うんですが、電子データの廃棄についてはシュレッダーの予約は必要なく、なぜ時間があいて、紙媒体の廃棄の前後での電子データの処理になったのかについて、改めて確認をさせていただきたいと思います。

菅　……ちょっとお待ちください。（約20秒間中断、事務方からメモ3回目）あの、先ほど申し上げたとおりですけども招待者名簿については公文書管理法に基づいて、保存期間1年未満文書として位置づけ、会の終了後遅滞なく廃棄する取り扱い。電子データについても、あらかじめ定められたルート、手続きに従って削除されたものであるということでありますし、担当職員が資料要求を了知した5月10日の時点では、すでに廃棄していた、ということであります。

――あの、大型シュレッダーで紙媒体の招待者名簿を廃棄した担当の職員について、首相は参院本会議で障害者雇用の方だったと明らかにされています。このことはネット上などで「公表する必要がなかったのでは」という指摘も出ていますけれども、明らかにされた意図について改めておっしゃってください。

菅　この、名簿のシュレッダーによる廃棄については、従前の説明のなかにもですね、廃棄はもっと短期間でできるとか、予約から作業までの時間がかかりすぎるじゃないかとか、こうしたことを国会でも繰り返し質問されたと思っています。5月9日に予約が行われた事情として、作業を予定していた方が、障害者雇用の短時間勤務職員で、無理なく余裕をもって作業ができる時間を確保するという、そういう必要があったことをご説明させていただいたということであります。

――さきほど、残っていた名簿の電子データが公文書かどうかという点について、行政文書には該当しないとおっしゃいましたけれども、公文書でもないというご認識でしょうか。

菅　……バックアップデータは行政文書に該当しないことから、情報公開請求の対象にはならないと。こういうふうに聞いてます。

――先ほどのご説明ですと、審議会の答申にあるのは、通常の設備技術等で、行政機関が使えるかどうかと。それがひとつの根拠になっていて、それには該当しないという説明だったと思うんですけれども、ということは行政機関というのは、せっかくバックアップを取っているのに、通常の設備技術ではバックアップにアクセスできない、バックアップを利用できない、そういうことですか。

菅 （事務方からメモ4回目）……ま、内閣府からはですね、バックアップファイルは一般職員が業務に使用できるものでないことから、組織共用性を欠いており、行政文書に該当しない、という説明を受けてます。

——ちょっとその組織共用性という解釈が分からないんですけれども、別に内閣府の方でもバックアップにアクセスして、データを抜き出すことができる人はいるわけですよね。全員ができなくても、できる方はいるわけですよね。であれば、しっかり組織として対応すべきなんじゃないですか。

菅 いま申し上げた……。あのですね、情報公開・個人情報保護審査会の答申では、先ほど申し上げた情報公開請求の……（事務方からメモ5回目）対象……となる電磁的記録とはそれを保有する行政機関において、通常の設備、技術等により、その情報内容を一般人の知覚により認識できる形で提示することが可能なものに限られる、と解するのが相当である、という審議会の答申であります。また、一般の内閣府のバックアップデータについては、一般の職員が取り出すことができず、業者に頼まないと取り出すことができない状態にあったと聞いており、それを前提にすれば行政文書に該当しない……という風に思っています。

――いまあの審査会の答申にもですね、通常の設備技術等、というように「等」が入っていますよね。「等」が入っているのであれば、それも一般職員の方が、専門業者に頼むなりして取り出すことができるものと解釈することは可能なんじゃないですか。

菅 あの内閣府では、いま私が申し上げたとおりの解釈でありました。

――もう1点ですね、情報公開の請求の対象ではないという解釈が仮に成り立ったとしても、国会議員の資料請求に対しても、同様に応じる必要はないと。そういうご見解ですか。

菅 いまあの……私が申し上げたとおりのなかで、情報公開の……。(事務方か

ら メモ6回目）まず、公文書管理法に基づいて、まずは保存期間1年未満の文書であるとして、あらかじめ決められたルール手続きに従って廃棄している。また、詳細は事務方に聞いていただきたいんですけれども、行政文書の廃棄に関し、電子データについては通常職員が共有フォルダーから削除した時点で行政機関として廃棄を行ったものという考えに基づき、答弁をしたものと聞いております。いずれにしろ公文書という、ことではなく、えー……行政文書でもないと。

——ちょっとあの、質問に答えていただけてないですけれども、私が聞いたのは、国会議員の資料請求に対しても、応じる必要がないというご認識ですかということです。

菅 ですから、公文書ではなかったということでありますから、そうだというふうに思います。

——ちょっといまのご答弁は、立法府の議員の、行政に対する監視であるとか、そういったことにもかかわることだと思います。少なくとも行政の管理下には、そのバックアップデータはあったわけです。であるならば、最大限努力して、きちんと資料を提供するのが、行政としての義務じゃないですか。

菅　いま申し上げましたが、そういう対応というよりも……いま申し上げたようにですね……（事務方からメモ7回目）。……行政文書には該当しないと考えた前提で、適切に対応したと思います。

――データを利用できないというのであれば、何のためにバックアップを取っていることになるんでしょうか。データって言うのはいつでも復旧できるために……。

菅　それはものによって違うんじゃないでしょうか。

――5月21日に内閣府の担当者が国会で「名簿はすでに廃棄した」と答弁していたときに、バックアップに電子データが残されている可能性があるという認識があったかどうかは分かりますでしょうか。

菅　少々お待ちください。（事務方からメモ8回目）ま、詳細については事務方に聞いていただきたいんですけども、この行政文書の廃棄に対し、電子データについては通常職員が共有フォルダー等から削除した時点で行政機関として廃棄をしたものという考え方に基づき、これ答弁したんだろうと思います。

――いまのご答弁で確認なんですけども、5月21日に内閣府の担当者が名簿を廃棄したと答弁したときは、バックアップデータに電子データが残されていたとしても、これは公文書ですとか行政文書ではないという認識があったので、そうした答弁をしたという理解でよろしいでしょうか。

菅　少々お待ちください。あまり詳細ですと……。（事務方からメモ9回目）ま、ルールに従って、公文書ではないという認識だったようです。

――念のため確認なんですが、この電子データ、バックアップデータに関しては、サーバーの通常運用でのバックアップに加えて、災害への備えとして民間事業者が保管庫なんかで保存するバックアップデータが存在する可能性があるという指摘もあるんですけど、今年の招待者名簿はそこも含めてバックアップデータは存在しないということなんでしょうか。

菅　少々お待ちください。（事務方からメモ10回目）えー……ま、ないということであります。これ事務方に聞いてください。（会見ここまで）

自らの発言に対する質問を重ねられて、しどろもどろになった菅官房長官。この時期以降、菅氏は「桜を見る会」関連の質問に対し、警戒心を高めていくことになる。

「承知してません」の一点張りに

12月12日の官房長官会見は次のような調子である。

――安倍事務所側が領収書などの書類を不要だと言ったから、それらは発行されなかったのではないか。

菅　夕食会について詳細は承知してません。総理が国会で答弁した通りであり、それ以上でもそれ以下でもない。

――ホテル側は「営業の秘密にかかわることから公開を前提とした資料提供には応じかねる」ということですが、これはホテル側に資料提供を求めたものの、ホテル側から断られたということなんでしょうか。

菅　あの、詳細については承知してません。いずれにしても（安倍）総理が答弁したことに尽きるんだろうと思います。

――夕食会は事前にしっかり金額に関する契約が結ばれていたのか。

菅　あの、承知はしておりません。

――契約の内容、当初から総額がいくらだったのか、あるいはイレギュラーかもしれないが参加人数に応じた金額か、長官は把握されていないのか。

菅　承知しておりません。

――なかなか長官がいまのお立場でこういうことにご答弁いただくのは難しいのかなと思うので、ぜひ安倍総理にご説明いただければと思うがその点いかがか。

菅　総理自身は答弁されたと思ってます。会場費含め８００人規模で、１人あたり５０００円とすることでホテル側と設定したと。

――８００人規模で、つまり８００人ジャストで５０００円とそういう契約だったということか。

菅　詳細については知りません。

――ぜひ詳細について知りたい。なかなか内閣府でも長官ご自身でも説明できないと思うので安倍総理、あるいは事務所の方に説明する機会を設けてもらえないか。

菅　あのー、総理がいままで説明した通り。それに尽きるんだろうと思います。

――総理が答弁されたことをふまえてもまだ疑問が出ていて、しっかり説明が果たされないといつまでも理解されないと思うが。

菅　あのー……。国会で、大多数がホテル宿泊者で、５０００円でということは懇切丁寧に説明されているんじゃないでしょうか。

その後も続くが、ほとんどが「知らない」「説明している」の繰り返しだ。ウソの説明ができなければ、必然的に何も答えられなくなるということだ。

「最後の質問に」で会見が紛糾

「桜を見る会」の疑惑が消えないなか、年末の2019年12月25日には、官房長官記者会見で「波乱」が起きている。

この日、会見が始まって15分ほどしたタイミングで、複数の記者が質問をするため挙手していたところ、司会役の上村秀紀・官邸報道室長が「次の質問を最後で」と要請。記者側が抗議し、結局菅長官が質問を受け入れる形で会見は続行された。

会見の半ばころ、定番の「桜」関連の質問が始まったところからやりとりを再現してみよう。

――桜を見る会についてうかがいます。国立公文書館にあった政府の決裁文書から、2005年の招待者区分番号60は、首相推薦枠だったと判明し、60に関して初めて具体的に確認されました。首相枠として歴代引き継がれてきたとの見方が強まっていますが、政府はこれを認めますでしょうか。また認めない、分からないとすればこれを機に60が首相枠かどうか改めて調査する考えはありますか。

菅　まず国立公文書館の資料は10年以上前のものであり、確認は難しいですが事務方によれば、当時はそういうことだったのではないかと報告を受けています。ま、過去の取り扱いも含めてですね、内閣府において関係者に確認したところ、招待者名簿を廃棄しているため個別の番号については定かでないですが「政府が提出している資料にある60番台というのは従来から官邸や与党の関係だったと思う」とのことであり、その旨を理事会に報告しているところであります。

――政府はこれまで60などの番号について「招待状の発送を効率的に行うために便宜的に付している」と説明してきました。しかし国立公文書館にあった資料は、招待状の発送とはまったく関係のない決裁文書で「区分」「招待者内訳」と明確に書かれています。便宜上の数字とは思えず、少なくとも2005年の時点では各推薦枠を表した区分番号として使われていたと見て間違いないと思うんですがこれはいかがですか。

菅　いま申し上げましたけれども、10年以上前の話で確認は難しいと思いますが、内閣府の事務方によれば当時はそういうことだったのではないかと、そういうふうに聞いています。

――いま、当時はそうだったのではないかとお認めになりましたけれども、推薦枠を表したこうした区分番号が、2005年から2019年の14年間の途中で、招待状の発送のためだけの便宜上の番号に変わったと理解するには無理があるんですけれども。今年も含めて各推薦枠を表した区分番号として使われていたとは認めませんでしょうか。認めないとすればその理由を教えてください。

菅　えー……まず。申し上げましたように、えー……。内閣府において関係者に確認したところ、招待者名簿は廃棄したために個別の番号については定かでないですけれども、資料にある60番台というのは、従来から官邸や与党の関係であったと思うと。そしてその際にも、便宜的な番号だったという報告を受けてます。

――あの、国立公文書館にあった政府資料ですけれども、2005年の政治家のからむ招待者内訳は、首相枠737人など計2744人でした。一方、今年分は首相枠1000人、自民党枠6000人など約8000人です。政治家にからむ招待者がこの14年間で約3倍に膨れ上がったことが浮き彫りになりましたが、これ安倍政権として責任をどうお考えになりますか。

菅　まず、桜を見る会の招待者については、長年の慣行のなかで増えてきた。そのことについては反省しなければならないと思います。そのうえで、桜を見る会について見直しを行うため、来年は中止をすることにいたしました。そして今後幅広く、関係皆さんからご意見をうかがいながら、招待基準の明確化や、招待プロセスの透明化を検討しており、予算や招待人数、これも含めてですね、全体的な見直しを行っていきたいと思います。

――もう1点すいません、この14年間の間に、政治家にからむ推薦枠は約3倍、約5000人増になったにもかかわらず、首相枠は250人しか増えていないということになり、これは不自然に感じます。2015年の政府資料でも、2015年当時、首相長官等の推薦者が3400人と記されています。長官の責任で聞き取りを行ったという今年の招待者内訳、特に首相枠1000人という数字は実態を表していないと思いますがいかがですか。聞き取り調査は本当に適切に行われたのでしょうか。

菅　あの、適切に行いました。私の責任のもとに、お答えをさせていただきました。いま、ご指摘をいただいた人数でありますけれど、たとえば……内閣府の事務方が使用する極めて事務的な分類だと聞いており、私自身は詳細は承知しておりませんけれども、公文書館に公開されております平成17年度、当時の資料によれば「総理大臣推薦者」のなかに、総理大臣、自民党、公明党というのが含まれてます。当時から、総理から推薦と自民党から推薦、これは類似の分類とされていたんだろうと思います。そしてまたその年々に同じ分類をしていたかどうかは定かでないでしょう。

――先ほど2005年の総理推薦の招待者60番ということで、当時はそういうことだったというお答えありましたけど、その後60番という番号が変わった可能性があるのかどうか、その点ご認識いかがでしょうか。

菅　まず過去の取り扱いも含めて、内閣府において関係者に確認したところ、招待者名簿は廃棄しているので、個別の番号は定かでないが、政府が提出している資料にある60番台は、従来から官邸や与党の関係者だったと思うということでありました。

——区分番号をめぐっては政府は調査しないという立場を繰り返してこられましたけど、過去の資料では、招待者を決定する過程において、総理や長官だけでなく、事務官や調査係など、少なくとも13人の印鑑やサインが見て取れます。招待者の決定過程においてもこれだけの人物がかかわっているということで、仮に資料が現存してなくても調査は十分に可能ではないかと思いますがこの点いかがですか。

菅　あの、いままで私が申し上げてきたとおりです。

——政府としては総理がジャパンライフの元会長を招待していたことにつながりかねないので調査したくないというようにも見えるんですが。この点いかがですか。

菅　まったくありません。

——「60番台」については官邸与党ではないかと類推されるということですけれ

ども「60」に関してはどうなんでしょうか。

菅　いま申し上げましたように60番台については、官邸与党じゃないかというのが聞き取りの結果であります。

「これが懇切丁寧と言えるのか」

そもそも、文書廃棄も、区分の意味が分からないというのも、ジャパンライフ元会長を招待していないというのも、調査ができないというのもすべてウソなのだから、その前提を崩さずに答弁し続けるのは極めて困難なミッションだ。

するとここで、官邸の報道室長が「助け船」を出す。複数の記者が挙手しているところ「打ち切り」を予告したのだ。これに毎日新聞の記者が抗議し、ちょっとした波乱が起きる。

上村報道室長　このあと質問最後でお願いしまーす。

——（憮然として）ちょっとまだいくつか質問いくつかあるんでお聞きしますけ

れども、政府の対外説明の姿勢について、長官以前から「懇切丁寧」ということをおっしゃってこられました。ところがですね、政府が設けた内閣府の取材窓口は、約束していたコールバックもほとんど行わず、他の担当課は直接取材を拒む趣旨ではないと言っているにもかかわらず、われわれが取材を申し込もうとすると、交換窓口から聞かれて「取材は総務課にと。窓口に」と直接取材を拒んでます。さらに内閣官房もですね、私が取材しようとすると、長官とか総理の推薦プロセスについて、まったく説明しません。これ本当に「懇切丁寧」と言えるんでしょうか。

菅　あのー、皆さんのご要望を受けて、12月の6日から内閣府に取材窓口、これ設けているところであります。いま現実的に、いまいわれたようなことであれば、可能な限り改善をしてそうしたことにお答えしたい。私からもしっかり指導しておきます。

——あの懇切丁寧……

——ちょっといいですか、幹事社のテレビ東京です。先ほど最後（の質問）という通告ありましたけれども、最近の会見で記者の質問、消化し切れてない面多々ありまして、今日も午後の会見はないということで、お時間大変忙しいと思うんですけれども、いま手を挙げていた社については質問、指していただけないでしょうか。

菅　あの、いずれにしろ、時間のなかで、丁寧に答えていきたいと思いますけど。すべてということは、時間的な余裕（の問題）もありますから、そこのところはまた話し合いをしていただきたい。

——（テレビ東京）手を挙げているところはいいですか。

菅　はい、どうぞ。

——12月6日に取材窓口が設けられたあとに、私はさっきのような対応を受けたんです。長官は懇切丁寧に説明するとおっしゃってますけど、これは大臣として、内閣官房の事務方であるとか、内閣府の方に指示されたんでしょうか。

菅　あのー、しております。いまそういう状況でありましたので、改めて指示をいたします。

すべてが「ごまかし」であったことが分かる日

ここでいったん、なぜか産経新聞記者が「桜」から外れた質問をする。しかし、再び東京新聞、毎日新聞記者が「桜」の話題に戻す。

――かんぽ生命の不正販売問題で、日本郵政の長門社長、日本郵便の横山社長、かんぽ生命の植平社長がいっせいに辞任するという一部報道がありました。報道では長門社長の後任には増田寛也元総務大臣の名前も挙がっておりましたが、事実関係と、事実であれば増田氏起用の狙いについて教えてください。

菅　まず、現社長の辞任、後任についての報道の件は承知しておりません。いずれにしろ、かんぽ生命の問題等については、まず日本郵政グループとして不利益をこうむった顧客への対応に万全を期すとともに、コンプライアンス体制やガバナンスなどについて、抜本的な改善に取り組む必要があるのではないかと考えています。

――桜を見る会の質問に戻ります。先ほど招待者名簿の招待者区分の質問が続きましたけど、確認ですが、各年度の招待者区分がどうだったかという資料はもう残ってないという説明なんですけど、招待者区分をするための事務関係の資料も含めて、廃棄してしまったということでしょうか。

菅　そこは、聞き取りをしたなかで、多分（60番台が）官邸与党だったという答えですから、（資料は）ないというふうに思っています。

上村報道室長　毎日新聞さん、最後でお願いします。

――さきほどの招待者区分の話に戻るんですけども、聞き取りの結果「60番台は官邸総理枠」というところまでは類推されるというところまではいったと思うんで、ぜひ「60番」について、それは総理大臣の枠であるということをご確認いただけないでしょうか。

菅　そこも含めて聞き取りした結果、そのような答えだったと思います。

――そうすると、60番というのは聞き取りした結果どういうことになったんですか。

菅　官邸と与党の枠に60番があったと。そういうことであります。

――そうすると60番……

菅　ちょっと、まだ指名してません、私。

――あ、はい。

菅　どうぞ。

――60番が、総理大臣の推薦以外の枠であるという可能性もあるんですか。

菅　私が申し上げたとおりであります。（会見ここまで）

この「桜を見る会」問題で、官邸における会見や国会での審議に費やされた時間、労力は甚大なものだった。

この会見を見て分かるように、一部の記者たちは相当厳しく官房長官を追及している。しかし、強制的に捜査する権限のないジャーナリストでは、政権側にウソをつき通されれば、追及にも「限界」がある。

東京地検特捜部による捜査で安倍事務所の公職選挙法違反が明らかになったとき、菅氏は「分かっていながら」ウソをつき続けた自らの責任について、少なくとも国民に明確な謝罪をすべきであろう。もちろん、当事者である安倍前首相も同じである。

安倍政権の官房長官時代、記者会見に臨む菅氏

3章　日本学術会議

特別取材班

政権に批判的な学者の「パージ」

日本学術会議が推薦した新会員が6人、政府の判断で任命されなかったいわゆる「学術会議問題」。これは菅政権発足後の2020年10月に表面化した事案である。

会員210人からなる学術会議は3年に1回、半数の105人を改選する。学術研究団体などから提出された推薦書をもとに2020年7月9日の臨時総会で候補者105人が承認されていたが、うち6名の学者が政府によって任命拒否された。

真っ先に指摘されたのは、6名の学者（小沢隆一・東京慈恵会医科大教授、松宮孝明・立命館大法務研究科教授、岡田正則・早稲田大教授、加藤陽子・東京大教授、宇野重規・東京大教授、芦名定道・京都大教授）がこれまで安倍政権に対し批判的なスタンスを取ってきたという共通点である。

なぜ、任命を拒否したのか。これについて、菅首相は「個別の人事について説明は差し控える」という立場を繰り返しながらも、その判断についていくつかの理由を述べてもいる。

だが、その説明は矛盾に満ちたもので、その内容も一貫性に乏しいものであったことから、さらに「政権に批判的な人間は外す」という、単純かつ真の理由を隠しているのではないかという疑念は深まった。

この問題の本質は、任命を拒否したことそのものよりも、理由を明快に説明できない首相の、政治リーダーとしての資質である。

しっかり説明できないことをやるくらいなら、最初からやらなければよかった。なぜ説明できないかと言えば、任命を拒否する妥当性について、菅氏自身、自信が持てないからではないかと国民は感じ取っている。

この問題は、主に国会の場で追及されることになった。これまで菅首相は何を語ったのか。いま一度振り返ってみる。

噴出した「学問の自由」論

まず、菅首相がこの問題について初めて語ったのは10月5日、内閣記者会のインタビュー取材においてである。

——日本学術会議が推薦した会員候補6人の任命を拒否した理由は何でしょうか。政府は人事の話として説明を拒んでいますが、任命拒否は過去にない対応で、「学問の自由」の侵害との指摘がありますが、どうお考えでしょうか。また、6人が政府提出法案に反対との立場だったことが理由なのでしょうか。政府は1983年時点で、学術会議の推薦を受けて形式的、形式的に任命するとの立場でしたが、これをいつ変更したのか、その変更に問題ないのか、お尋ねします。

菅　これまでも（加藤勝信）官房長官から会見で説明していますように、日本学術会議については法に基づいて、内閣法制局にも確認の上で、学術会議の推薦者の中から総理大臣として任命しているもので、個別の人事に関するコメントは控えたいと思います。

まずその上で申し上げれば、日本学術会議は政府機関であり、年間約10億円の予算を使って活動していること、また任命される会員は公務員の立場になること、また会員の人選は推薦委員会などの仕組みはあるものの、現在は事実上、現在の会員が後任を指名することも可能な仕組みになっていること、こうしたことを考えて、推薦された方をそのまま任命してきた前例を踏襲してよいのか考えてきました。

日本学術会議については、省庁改編の際にその必要性も含めてそのあり方も含めて、相当のこれ議論が行われ、その結果として、総合的、俯瞰的な活動を認めることになりました。まさに総合的、俯瞰的な活動を確保する観点から、今回の任命についても判断させていただきました。

こうしたことを今後も丁寧に説明していきたい、このように思います。

またなお、過去の国会答弁、これ承知しておりますが、そもそも当時の学会の推薦に基づく方式から現在は個々の会員の指名に基づく方式に変わっており、それぞれの時代の制度の中で法律に基づいて任命を行っているという考え方は変わっていません。

——改めて聞きたいんですけれど、先ほどお答えいただいたんですけれど、とはいえ、独立の機関であって研究者の中には学問の自由の侵害ではないかという指摘があります。これに対してのお考えとですね、あと、この6人の方の政府提出法案に対する立場というのは今回のことと関係ないということでいいのか、あとこの人事は総理に持ち込まれた案の段階ではもうすでに6人は任命しないということだったんでしょうか。

菅　あのー、いま申し上げた学問の自由とは全く関係ないということです。それはどう考えてもそうじゃないでしょうか。それと先ほど私が申し上げましたけども、まず国の予算が10億円あるということです。

また任命される会員は公務員の立場にあります。そうした中で、その人選、推薦委員会という仕組みはあるものの、現状では、現在の会員が自分の後任を指名すること、このことも可能な状況になっているということなんです。

そういう中で、推薦された方々をそのまま任命する、この責任というのは内閣総理大臣にあるわけでありますから、そこについて前例を踏襲してよいのか、これは考えてきました。

そして先ほど申し上げましたように、この日本学術会議というのは省庁再編の中では大議論が行われたところです。

その結果として総合的、俯瞰的な活動を求めるってことになってますから、ですから総合的俯瞰的に活動を確保する観点から、今回の任命について判断をしたということです。

——法案は全く関係ないと。

菅　あー全く関係ありません。

意味が分かりにくいことで有名になった「総合的、俯瞰的」というフレーズがここで出てきている。ポイントは次のようになる。

・6人の政府提出法案に対する立場と任命は関係ない。
・「学問の自由」とは無関係。
・年間約10億円の予算を使い、会員は公務員。

・前例踏襲でいいのか以前から考えていた。
・総合的、俯瞰的活動の確保のため判断。

だが、これでは多くの人が感じ取った「自分に批判的な学者を首相が外した」という疑念を払拭することはできなかった。

菅氏が、政策実現のためには官僚を更迭することを厭わないと公言していることは有名だ。この手法には賛否両論あるが「新しく首相に就任し、自分の信条を知らしめるために菅氏が任命拒否を決断したとしても不思議ではない」との見方も多かった。

官邸の力学を熟知する識者、ジャーナリストからは「実際にリストから6人を排除したのは杉田和博官房副長官」との指摘も相次ぎ、菅首相は10月9日、改めて内閣記者会のインタビューでこの問題の釈明に追われている。

「総合的、俯瞰的」の原典

10月9日のインタビューでは、分かりにくい「総合的、俯瞰的」という言葉の意味が質問された。このフレーズを考えたのが菅首相であると考えている記者は皆無で、任命拒否の真の理由は別にあると見ている。

なおこのフレーズについては先立つ10月2日、加藤勝信官房長官が「総合科学技術会議の意見具申」に由来していると説明している。中央省庁改革の流れで、2003年2月に総合科学技術会議が出した「日本学術会議の在り方について」という具申書には次のようにある。

〈日本学術会議は、新しい学術研究の動向に柔軟に対応し、また、科学の観点から今日の社会的課題の解決に向けて提言したり、社会とのコミュニケーション活動を行うことが期待されていることに応えるため、総合的、俯瞰的な観点から活動することが求められている〉

このような言葉を過去の資料から引っ張り出してくるのは当然、官邸周りの官僚であり、菅首相はその「後付けの理由」を読み上げているだけなのだ。

――まず最初に日本学術会議の会員の任命の問題についておうかがいたします。今日あの、河野大臣と井上大臣がそれぞれ学術会議を行革の対象として検証を行うと表明されました。

で、総理ご自身は先日のインタビューで、現会員による推薦について、事実上の後任指名が可能な仕組みだと問題視をされ、省庁再編時にあり方そのものが議論になったことにも触れておられました。現状で、ま、今後この会員の推薦制度について見直すお考えはあるのでしょうか。また、学術会議そのもののあり方についても見直すお考えはあるのでしょうか。

菅　まず、これまでも、説明をしておりますように、日本学術会議については、法律に基づいて、内閣法制局にも確認の上で、学術会議の推薦者の中から、総理大臣として指名、任命をしているものであると思っています。

この日本学術会議は、政府の機関であって、年間約10億円の予算を使って活動していること、また任命される会員は公務員の立場になること、また会員の人選は、推薦委員会などの仕組みがあるものの、現状では、まあ事実上は現在の会員が自分の後任を指名することも可能な仕組み、こうなっている、まあこうしたことを考えて、推薦された方々がそのまま任命されてきた前例を踏襲をしていいのかどうか、まあそうしたことを考えてきたということであります。

それで、これ2001年の省庁再編の際に、この相当の議論があったということで、その議論の中で、長期的、総合的、国際的観点からの提言が求められており、俯瞰的な視点を持って、社会的課題に向き合うことができる制度、まああの、できる人材が望ましいというふうに思っています。今回、日本学術会議の役割に関心が集まっています。まあこれを機会に、日本学術会議のあり方、良い方向に進むようなら、そうしたことも歓迎はしたいと、このように思っています。

――日本学術会議の任命除外問題の経緯についておうかがいします。2016年から推薦決定前に官邸側が難色を示す事例が複数確認されています。政府としてはいつ、何をきっかけに、形式的任命を、取らなくなったのでしょうか。また、今年の6人の除外について、安倍前総理からこの案件の引き継ぎを受けたのはいつで、引き継ぎの時点で6人の任命除外は申し送りがあったのでしょうか。

菅　あの、まず、この内閣府で、日本学術会議の会長が、中で、この会議のあり方などを、そうしたこともやり取りは、当然行ってきているというふうに思っております。そうしていままでの経緯の中でですね、総合科学技術会議の意見具申によれば、日本学術会議は、科学者の知見を集約して、長期的、総合的、国際的観点から行政や社会への提言を行うこと、総合的、俯瞰的な観点から活動すること、こうしたことが求められてきています。

さらに平成27年の内閣府の有識者会議においては、日本学術会議の会員は自らの専門的分野の枠にとらわれない俯瞰的視点を持って社会的課題に向き合うことができる人材が望ましい、まあこうしたこととされてます。

こうしたことを踏まえて、法律に基づく任命を行う際にはですね、総合的、俯瞰的な活動すなわち広い視野に立ってバランスの取れる活動を行っている、国の予算を投じる機関として、国民に理解される存在であるべき、まあこうしたことを念頭にですね、その、内閣府等で、そうした議論をしていることは事実じゃないでしょうか。

――安倍前総理からの引継ぎというのはあったのでしょうか。

菅　あの、ありません。

――じゃあご自身で今回決断をされたということ？

菅　あの、そうした一連の流れの中で判断をしたということであります。

何度聞いても分からない「任命拒否」の根拠

歯切れの悪いさらに会見は続く。

――学術会議側は6人の任命を見送ったことについて説明を求めています。総理自身が梶田会長とお会いし、直接説明される考えはありますでしょうか。

菅　いまも申し上げましたけど、日本学術会議については省庁再編の際にですね、そもそも必要性を含めてそのあり方について相当のこれ議論が行われた経緯があります。その結果として、総合的、俯瞰的な活動を求める、まあそういうことになった経緯です。

さらに、この総合的、俯瞰的活動を確保する観点から、日本学術会議にその役割を果たしていただくために、まあふさわしいと判断をされる方を任命をしてきました。

こうしたことを今後もですね、まずは丁寧に説明していきたいというふうに思います。また、梶田会長とはですね、まあ日頃から、これ事務局との間で、これ取っているというふうに思いますが、会長がお会いになりたいということであれば、私はお会いをさせていただく用意というのは持っております。

――いまおっしゃったその総合的、俯瞰的な活動ということなんですけれども、どうしてもなかなか国民の方々にはわかりづらい部分だと思うんですが、総理としては具体的にどのような活動を求めているということなんでしょうか。国民にもわかりやすいような判断材料をお示しいただければと思います。

菅　いま申し上げましたようにですね、この日本学術会議、ここをどうするかということで議論があったわけです。それで、ま、科学者の知見を集約をして、まあ長期的また総合的に、国際的観点から、行政や社会への提言を行うこと、そして総合的、俯瞰的な観点から行動すること、このことが議論の中で求められてきたわけです。

さらに、平成27年の内閣府の有識者会議においては、日本学術会議の会員は、自らの専門分野の枠にとらわれない俯瞰的な視点を持って社会的課題に向き合うことができる人材が望ましい、これ有識者会議でそういう方向出されてます。

で、これを踏まえて、法律に基づいて任命を行う際には、総合的俯瞰的な活動、すなわちですね、広い視野に立ってバランスの取れた活動を行い、国の予算を投ずる機関として、国民に理解される存在であるべきこと、こうしたことをやはり念頭に置きながら、これは判断を行う必要がある、こういうふうに思います。

——そういう意味では6人の方というのはそこに当たらなかったということでよろしいですか。

菅　いま私が申し上げた通りです。すなわち、広い視野に立ってバランスの取れた行動を行い、国の予算を投じる機関として国民に理解される存在であるべきこと、こうしたことを念頭にこれ全員判断をしている、まあそういうことです。

――すみません、いまの関係ですが、専門分野以外の業績が考慮されるということですけれども、具体的にはどのような業績が考慮されるということなんでしょうか。

菅　いま私が申し上げましたように、自らの専門分野の枠にとらわれない俯瞰的な視点を持って、社会的課題に向き合うことができる人材が望ましい、こうしたことを平成27年の内閣府の有識者会議においてこうした意見をいただいています。

ですから、これらを、こうしたことを踏まえてですね、法律に基づいてこれ任命を行うわけでありますから、その際には、総合的俯瞰的な活動、いま申し上げましたけど、この総合的、俯瞰的な活動ちゅうのは、やはり、すなわちこの広い視野に立ってバランスの取れた活動を行い、国の予算を投ずる機関として国民の理解をいただく存在であるべきだと、まあこうしたことを念頭に置いてですね、まあ判断をするということが自然なことじゃないでしょうか。

――バランスの取れた活動ということの中にですね、たとえば学者個人の思想信条が影響するということはあるんでしょうか。

菅　それはありません。

何度聞いても要領を得ないが、6人を選ぶと、何らかの理由で「バランスの取れた活動」ができなくなるということらしい。

「リスト外し」張本人は官房副長官

その後、リストの具体的な選考過程に関する質問がなされた。

――総理が、まあ先ほど安倍総理からの引継ぎはなかったということなんですが、最初に案をご覧になったのはいつ誰からの報告だったんでしょうか。その時点では105人の名前が載っていたんでしょうか。

菅　あのー、私がいつかということは、確か、9月の……、ちょっとすみません、間違っちゃうとあれですから……9月の……これ内閣府がいままで説明してますけど、私が最終的に決裁を行ったのは9月28日です。

で、会員候補のリストを拝見したのはその直前だったと記憶しております。まあその時点では、現在の最終的に会員となった方がそのままリストになっていたというふうに思ってます。

――総理がご覧になった段階ではもう99人だったという。

菅　あの、そういうことです。あの、任命するリストでありますから。

――任命するその前の推薦段階でのリストはご覧になってない？

菅　見てません。

何と、6人の名前が掲載されたリストを見ていないという。では誰が6人を外したのか。後に、それが事務方トップの杉田和博官房副長官（警察庁出身）であることが分かった。

しかし、そうなると「総合的、俯瞰的」に考え、人選したのは菅首相自身ではないということになる。問題はさらに大きくなった。

「大学にも偏りがある」の迷走答弁

10月26日に臨時国会が召集され、学術会議問題は国会の場で議論されることになった。10月28日、立憲民主党の枝野幸男代表が菅首相に質問している。

枝野　学術会議法7条2項は、「推薦に基づいて、内閣総理大臣が任命する」と明記しており、推薦された方を任命しないことは、条文上、明らかに違法です。1983年の中曽根総理による、政府が行うのは形式的任命にすぎないという国会答弁とも矛盾します。

総理は、提出された105人の名簿を見ていないと発言していますが、6人を任命しなかったのは総理御自身の判断ではないのですか。誰が、どんな資料や基準をもとに判断したのですか。任命しなかった理由は何なのですか。明確にお答えください。

菅　過去の国会答弁は承知しておりますが、憲法第15条第1項は、公務員の選定は国民固有の権利と規定しており、日本学術会議の会員についても、必ず推薦のとおりに任命しなければならないわけではないという点については、内閣法制局の了解を経た政府としての一貫した考えであります。今回の任命は、任命権者たる内閣総理大臣が、その責任をしっかりと果たしていく中で、日本学術会議の推薦に基づいて任命を行ったものであります。

その上で、個々人の任命の理由については、人事に関することであり、お答えを差し控えますが、任命を行う際には、総合的、俯瞰的な活動、すなわち、専門分野の枠にとらわれない広い視野に立ってバランスのとれた活動を行い……（野次）国の予算を投じる機関として、国民に理解される存在であるべきということ、さらに言えば、例えば、民間出身者や若手が少なく、出身や大学にも偏りが見られることも踏まえて……（野次）多様性が大事だということを念頭に、私が任命権者として判断を行ったものであります。

ここで「民間出身者や若手が少ない」「出身、大学にも偏りがある」「多様性が大事」といった任命拒否の理由が飛び出した。実はこの発言は、国会初日の10月26日、菅首相がＮＨＫのニュース番組（「ニュースウォッチ９」）に生出演したときに初披露されたものである。そこで菅首相は次のように語っていた。

「結果的に（会員が）一部の大学に偏っていることも客観的に見たら事実だ」「『総合的、俯瞰的』と申し上げてきたが、幅広く客観的という意味合いもある。民間出身者や若手研究者、地方の会員も選任される多様性が大事だ。組織全体の見直しをしなければならない時期ではないか」

しかし、この言説はあっという間に論破される。翌日（10月29日）の毎日新聞は次のように論評した。

〈現会員２０４人は、大学や研究機関、企業など80以上の組織から選ばれているが、最多の東京大が35人、京都大が16人、大阪大、慶応大、早稲田大などが10人前後と、一部の大学からの選出が多いのは確かだ。しかし、仮に首相のいう「出身や大学などの多様性」を確保する目的だったとしても、在籍会員ゼロの東京慈恵会医科大の小沢隆一教授と、会員が1人しかいない立命館大の松宮孝明教授を任命しない理由にはならない〉

学者個人の資質ではなく、組織の在り方に「任命拒否」理由をシフトしようとする作戦と見られたが、これも失敗に終わった。無理矢理、事務方に「任命拒否の理屈」をひねり出させたものと思われるが、自分のミスを官僚に押し付ける、悪しき政治家の典型例だろう。

官房長官時代はなかなかつけいるスキを与えなかった菅氏だが、自分自身の判断を説明しろとの要求に対しては、意外にもろい部分をさらけ出した。

「名前すら知らなかった」

菅首相の答弁迷走はさらに続いた。11月2日の衆院予算委員会では、立憲民主党の江田憲司代表代行の質問に対し、驚くような答弁が飛び出した。何度も加藤勝信官房長官が答弁を代行しているが、支離滅裂な流れになっている。

江田　その象徴的事例が学術会議の任命拒否の問題だと思うんですけれども、まず端的にお聞きしますけれども、これは任命権者は総理大臣ですね。ただ、その任命基準、選考基準は何ですか。法律上の根拠を述べていただきたいんです。

菅　日本学術会議法上は、会員の任命については、学術会議からの推薦に基づいて内閣総理大臣が任命することになっています。推薦については、同法で、すぐれた研究又は業績がある科学者のうちから会員の候補者を選考し、内閣総理大臣に推薦するというふうになっています。

江田　そのとおりで、このパネルですね。短い法律なので、もう、すぐわかることで、これしかないんですね、任命基準。

であるならば、お聞きしますけれども、総理、すぐれた研究又は業績があるということを総理が判断をせないかぬわけですけれども、総理は任命を拒否した6

人の方の研究や業績について一体どれほどのことを御存じでしたか。本件が起こる前からこの６人の方のお名前は御存じでしたか。

菅　私は、加藤陽子先生以外の方は承知していませんでした。

江田　ということは、加藤陽子先生以外の方の著作や研究論文等々も読んだことはないということでよろしいですか。

菅　それはありません。

日本近現代史が専門で、『それでも、日本人は「戦争」を選んだ』といった著作のある加藤陽子・東京大学教授以外は、名前も知らなかったというのである。当然、次のような質問になる。すると首相の代わりに、官僚答弁を得意とする旧大蔵省出身の加藤官房長官が「代返」を始める。

江田　それでは、この法律に基づくこの「優れた研究又は業績がある科学者」というのは、どなたが、どうやって判断をされたんでしょう。

加藤　まず、ちょっと先に。いま、そこにあるまさに第17条でありますが、その主語は「日本学術会議は」となっております。したがって、まず日本学術会議は、すぐれた研究又は業績がある科学者のうちから選考して、推薦をする。したがって、学術会議においてそうした観点からの推薦が、そういった選考がなされてきている。

それを踏まえて、私どもの方が、この学術会議法の、そこには出ておりませんけれども、設置目的等を踏まえて、適切かどうか判断させていただいている、こういうことであります。

江田　そこには出ていませんがなんて、そんな発言はだめですよ。あなたは、ちょっと聞きますけれども、法律による行政の原理というのは御存じですか。

加藤　いや、そこに出ていないというのは、設置目的の条文がそこの掲示板には出ていないということで申し上げたので、設置目的を踏まえて、そして私どもの方で判断をする、内閣総理大臣において判断をする、こういうことであります。

江田　じゃ、設置目的で新たな基準を設けたということですか、これ以外に。

加藤　判断基準とおっしゃる趣旨はあれですが、設置目的があり、そしてこの間においていろいろな議論がありました。当然、政府として、そうしたものを踏まえながら判断していくということであります。

江田　法律というのは、そんな恣意的な解釈はできないんですよ。文言はこれしかないんですから。すぐれた研究又は業績があるかどうかですよ。それを、設置目的だ、審議会答申がある、そんなことで解釈変更していいんですか。そんなことを言っている歴代総理大臣は誰もいらっしゃいませんよ。

加藤　ですから、それに関して、先ほど申し上げておりますように、今回の日本学術会議法、従前から御説明しておりますけれども……（野次）憲法15条からきておるわけでありまして、そうした流れで規定された日本学術会議法のいま言われた第17条、そして、それを踏まえた第7条の2項、これを踏まえて総理において任命がなされていく。そして、その任命に当たっては、当然、この設置目的というのがあります。そして、設置目的を判断するに当たっては、その設置目的に適合するかということについては、時々の、これまでの、たとえば総合科学技術会議等でのそうした議論、こうしたことを踏まえていくのは当然だというふうに思います。

江田　いまの官房長官の答弁は、過去どなたもされていない答弁です。解釈を変更したということですね、明確に。

加藤　いや、解釈を変更しているわけではなくて、これまでもそうした形で適切に判断をして実施をしてきたということであります。

江田　どなたがですか。

加藤　最終的には、任命権者である内閣総理大臣がであります。

防戦一方の菅首相と加藤官房長官。江田氏の追及がさらに続く。

「説明不足」で内閣支持率が急落

江田　今度こそ総理に聞きますから。菅総理が今回初めてそういう新たな見解を提示された。それが、何ですか、総合的、俯瞰的観点とかバランスとか、そういうことですか、総理。確認です。

菅　それは、初めてというより、この法律に基づいて私が判断をしたということです。

江田　申しわけないですけれども、中曽根総理だって、これは形式的任命で、そのまま任命するんだと。法律による行政の原理。とにかく、国民主権の国ですからね。その代表者たる国会が定める法律に基づいてやってもらわないと困るんですよ、総理大臣も官房長官も。当たり前の話なんです。法律による行政の原理。行政法や行政でイの一番に習うことでしょう。その法律の規定がこうなっているんですから、私、聞いているんです。何度も聞いている。

すぐれた研究又は業績がある科学者かどうかしか判断基準はないんです、法律上。それを、設置目的だ、過去の、何、審議会。審議会答申が仮にあったら、それを受けて、あなた方政権にある人は、法律改正をして初めてそれが基準になるんですよ。それもせずに勝手に恣意的な解釈をするから、皆さんが、おかしい、こう言っているわけですよね。

時間もありますから、これは本当にはっきり言って、法律に基づいてやってください、ということです、本当に。

それで、報道によると、実は、これは杉田官房副長官が事前に総理に話をして方針を決め、その結果、起案をして、99名の方を任命されたと。総理はもともとの105名の名簿は見ておられないということですが、それで結構ですね。

菅 105名のもともとの名簿は見ていないということは事実です。

江田 それでは、事前に杉田副長官と総理が打ち合せされた、その方針というのを明らかにしていただけませんか。

菅 私は、官房長官のときから、学術会議にさまざまな懸念を持っていました。それは、まず、年間10億円の予算を使って活動している政府の機関であり、私が任命をすると公務員になるんです。そういう中で、かねてより多様な会員を選出するべきと言われながら、現状は出身や大学に大きな偏りがあります。また、民間人、産業界、あるいは49歳以下の若手はたった3%です。

午前中もこれは議論がありましたけれども、会員の選考というのは、研究者は全国で90万人いると言われています、その中で、約２００人の現在の会員、また約２０００人の連携会員、この人たちとつながりのある限られた中から選ばれております。閉鎖的で既得権のようなものになっていると言わざるを得ないというふうに思います。

こうした中で、学術会議から推薦された方々をそのまま任命されてきた前例を踏襲していいのかどうか、私自身は悩みに悩みました。そして、この閉鎖的で既得権のようになっているとも言われるこういう状況の中から任命されてきているわけでありますから、今回、前例踏襲はやめて、結果として、例えば民間人や若い人をふやすことができるようにしたらいいのではないかなという私自身の判断をしたということであります。

江田　総理大臣が個人でそう思われることは自由です。であるならば、総理大臣ですから、しっかりそれを法律改正で提案をして国会審議で議決するというのが筋なんですよ。

よく総理は憲法15条を持ち出しますけれども、憲法15条というのは、公務員の最終的な任免権は国民にあるという国民主権をあらわす条文ですよね。具体的にはどう手続をするかというと、国民の代表である国会、それが定める法律によって公務員の任命はするということなんですよ。ですからこれが大事なんですね。

ですから、何か設置目的の抽象的な文言を引いたり、法律以外のいろいろな審議会や答申を引いたりして、いまバランス論を言われましたけれども、全く通用しませんよ、法律の解釈として。法律による行政の原理に反する、全く違法だと私は思います。

ただ、百歩譲って、じゃ、バランス論をとるとしましょう。今回、6人任命拒否のうち、3人は私大出身ですよ、総理が少ないと言われている。1人は女性ですよ。女性を増やせって、女性1人を拒否された。慈恵医大の先生、誰1人、いま、現会員いらっしゃいませんね。その貴重なたった1人の先生を任命拒否された。立命館大も、いまたった1人しか現会員いらっしゃらない。それを拒否された。

そのバランス論に立ったとしても、総理がおっしゃっていることは支離滅裂ではありませんか。

菅　まず、個々人の任命のいま理由を述べるようでありますけれども、これは政府の機関にかかわる公務員の人を指名するのと一緒ですから、通常の公務員の任命と同様に、その理由について、これは人事にかかわることですから、答えは差し控えるべきだと思いますよ。

江田　都合が悪くなると人事で逃げるんですけれども、人事を、政治家になる前、やったことありますか、菅総理。

普通、こういう場合、物事をわかりやすく言いましょう。たとえば、社長があの課長を飛ばせと言う。確かにその課長本人には飛ばす理由は言わない。しかし、少なくとも人事部長には言いますよ。上司には言いますよ。なぜか。それは人事が回らなくなるから。なぜ社長が飛ばしたのかわからないと、次以降の人事ができないんですよ。今回の場合は、少なくとも学術会議の会長ぐらいにはおっしゃらないと。早速、会長もおっしゃっているじゃないですか。これからどうやって推薦していいかわからない、全く理由がわからない。また3年後、105

人の推薦をするときに、基準がわからないんだったら推薦もできないでしょう。

だから、人事で逃げる、個々具体的な本人がどうしたこうした、明らかにできないというのを認めるにしても、この場合は学術会議の会長にはしっかり言わないと、今後、学術会議の人事が回っていかないんですよ。いかがですか。

菅　いま、私申し上げましたけれども、人事の判断は必ずしも単一の理由でなく、さまざまな要素を考慮して行われるものであって、これを説明することによってその後の円滑な人事が逆に困難となるおそれがある。これは組織一般に通ずるものじゃないでしょうか。

江田　総理、会長の立場に立ってください。これはまた推薦せにゃいかぬですよ。何にも聞いていない、今回、6人排除された基準が。じゃ、この人をどうしようか、ああしようかという議論をしているときに何にもその基準がないと、3年後、推薦できないじゃないですか。だから、もう論理破綻をしているということなんですね。

結局のところ、「総合的、俯瞰的」「バランス」「出身、大学の偏り」などといった理屈を持ち出したものの、最後まで任命拒否の理由を明らかにはできなかった菅首相。一部の世論にある「学術会議こそ既得権益の塊」といった声に乗っかるような答弁も見られたが、この問題で政権を発足させたばかりの菅氏が失ったものは大きかった。

政権寄りと言われる読売新聞の世論調査（11月6～8日実施）でも、学術会議問題について、首相の説明に「納得できない」と回答した人が56％。「納得できる」の33％を大きく上回った。日本経済新聞社とテレビ東京の世論調査（10月23～25日実施）では、任命拒否問題で70％が「説明が不十分」と答え、内閣支持率は政権発足直後の73％から11ポイントも下落（62％）している。

最大のミステイクは「説明できないリーダー」の印象を国民に持たれてしまったことだった。学術会議については今後組織の見直しが進められるが、同じ「菅流」でも、官房長官がそれを実行する場合と、首相の立場で実行するのでは、意味がまったく異なるということを知らしめた事案だったと言えるだろう。

4章　森友・加計学園

特別取材班

「問題は解決済み」と言い切る首相

安倍政権の官房長官として、安定したスポークスマンぶりを発揮していた菅氏が、変調をきたすようになったきっかけは、2017年以降に発覚した、いわゆる「森友・加計学園問題」だった。

いずれも、当時の安倍首相に近いとされた人物が、その立場を利用する形で便宜供与を受けたのではないかという疑惑であり、2つの問題は政権を揺るがす大問題に発展したのは周知のとおりである。

森友問題では、文書改ざんを強いられた近畿財務局職員の赤木俊夫さん（享年54）が自殺しており、その死の真相をめぐり、遺族が真相究明を求めるなど、問題はいまも終わっていない。

この2つの問題で、当時の政府はあまりに多くのことを隠蔽しようとした。証拠となる文書を破棄し、また改ざんし、関係者の口を封じた。そしてこの工作に深く関与したとされる杉田和博官房副長官、和泉洋人総理大臣補佐官は、いまも官邸の中枢にいる。

官邸主導の政治が強化されるなかで、安倍首相を直撃しかねないスキャンダルに対し、官邸と霞が関が一丸となって「疑惑隠し」に奔走した2つの事件は、内外に大きな禍根を残したと言える。先の職員の自殺はその最たるものだった。隠蔽路線を選択したことにより、不都合な事実が噴出するたび、官僚たちはその対処に追われ、本来進めるべき政策は停滞。また、ウソを正当化するために法解釈や従来の政府見解も度々、歪められた。

すでに多くの指摘がなされているように「政権を維持するためならこのくらいは許される」といった驕りがそこにあったことは確実であり、官房長官としてこの問題に対処した菅氏の責任は極めて大きい。

菅氏は、2020年9月16日の総理就任会見で、森友問題の再調査について問われ「森友学園に関しては、公文書改ざんについて、すでに財務省で調査を行い処分も行っています。また、検察の捜査も行われ、結論も出ている話であります」と、その意思がないことを表明した。だが、1人の人間の命が失われたという重みを国民が忘れていると思っているとしたら、それはおそらく間違いである。「結論も出ている」話では決してない。

異様な「前川攻撃」の背景にあったもの

菅氏がある種の「凶暴性」を露呈したと言われたのが、２０１７年に火を噴いた「加計学園問題」における、前川喜平・元文科事務次官への個人攻撃である。

前川氏は菅氏が「怪文書のようなもの」と評価したいわゆる「総理のご意向」文書を、文科省が作成した本物であると証言した（後に本物であったことが判明）人物だが、その前川氏に対し、２０１７年5月25日の記者会見で、冒頭から感情をあらわにしながら厳しく批判したのが菅氏だった。

――加計学園の獣医学部について、「総理のご意向」などと書かれた文書を前川喜平・元文部科学事務次官が「本物である」と証言した。長官は17日、「怪文書のようなもの」と発言しているがいまの認識は。

菅　まず、報道は承知してます。いま言われました文書について、文部科学省が行った調査の結果、存在は確認できなかったと、報告を受けてます（注：後の再調査で存在が判明）。また報道の内容に関連して、獣医学部の新設に関する一連のプロセスについて、内閣府と文部科学省に確認したところ、内閣府は文書に書かれているような「官邸の最高レベル」が言ったとか、あるいは「総理のご意向」などと言った事実はなく、総理からもそうした指示は一切なかったと報告を受けています。

一方、文部科学省も松野（博一）文科相が国会で答弁した通り、総理から文部科学大臣、文科省が指示を受けたことは一切なかった。こういうふうに説明をしております。

また文書の中に私の関係のことが書かれている部分があります。私は書かれているような説明を受けた覚えはありません。そして私の補佐官にも状況を説明したということですけれども、補佐官に確認しても、まったくそういう事実はない。そういうふうに聞いております。

また今回の報道で前川氏は、文部科学省を辞めた経緯について、自分に責任があるので、自ら考えて辞任を申し出たと、こういうような記事がありましたけれども、私の認識とはまったく異なっておりまして、前川氏は文部科学省の天下り問題については、再就職監視委員会、その調査に対して、問題を隠蔽した文部科学省の事務方の責任者でありまして、本人も文科省ＯＢの再就職の斡旋に直接関与していた。こういう報告になっています。

そうした状況にもかかわらず、当初は責任者として自ら辞める意向をまったく示さず、地位に恋々としがみついておりましたけれど、その後の天下り問題に対する世論からの厳しい批判にさらされて、最終的に辞任された方。このように承知をしております。

都合の悪い質問には「批判は当たらない」と一言で答える菅官房長官が、元官僚の個人名を出しながら「断罪」する様子はやや異様に映ったが、前川氏に関してはこの会見の3日前、読売新聞が「出会い系バー通い」を大きく報じ、それが官邸サイドからのリークではないかと話題になっていたところだった。

結局のところ、文書は存在し、菅氏の説明の主要部分が間違っていたわけだが、この官房長官の答弁メモを作った官僚はいったいどのような心境だったのだろうか。

「同じことしか言ってない」と激怒した記者

菅氏は、核心を突く質問に対しては感情を見せたり、語気を強めたりすることが多い傾向がある。

この加計学園問題について、２０１７年６月８日の会見ではこんなやりとりがあった。

――ここ2、3日見ただけでも、FNN、NHK、テレ朝、朝日、週刊文春などで、現役の文科省職員の証言を引いて、「文書はあった」という報道がなされている。長官、これらの報道はすべてウソだと、信用できないというお考えでしょうか。

菅　私はウソだとは言ってません。このことについてはさまざまな指摘を受けて、文部科学省において検討した結果、出所や入手経緯が分からない文書については、その存否や内容などの確認の調査を行う必要がないと判断したということです。

――なぜそう考えるのかという理由の説明が全然ないんですよね。証拠がないと水掛け論にはなると思いますけど、物証の調査、これはコンピュータの調査しかないと思うんですけど、やらないよりはやったほうがいいというのは誰でも分かるんですけど、そこ（調査しないこと）にこだわるのは不可解なんですが。要するにやりたくないとしか聞こえないんですけどいかがですか。

菅　あの、その後のさまざまなご指摘をふまえて文部科学省で検討した結果ですよ、入手経路が確認されていない文書は存否や内容などの確認などをする必要がないと。このように文科省が判断したということです。で、現在もそうした状況に変わりないと考えてます。

――同じことしかおっしゃってないんですけども。FNN、NHK、テレ朝、朝日、文春の報道はウソであって調査に値しないと……

菅　いま申し上げた通りです。存否や内容などの確認は必要ないと判断した。

――なぜその判断をしたのかという理由付けがゼロなんですよ、おっしゃってるのは。結論として何でそうなるんですかと。やらないよりやったほうがいいでしょうと。

菅　いずれにせよ文部科学省において、そこは考えられるものと思います。

いま思えば、調査すれば文書が真正のものであったとバレるために、「調査はしないと文科省が言っている」と言い張っていただけなのだが、菅氏はこの手の「まともに答えない」会見をずっと繰り返してきた。その体質は、首相になった菅氏にも染みついている。

記者会見は「質問に答える場ではない」

２０１７年８月８日の会見でも、波紋を広げる発言が飛び出している。加計学園の獣医学部新設をめぐり、学園幹部が国家戦略特区の申請前に、官邸で当時の首相秘書官と面会していたことについて問われていた。

――官邸で柳瀬（唯夫）首相秘書官が会った人のなかに加計学園幹部がいた。このあたり国民に対しきっちり説明するつもりはないか。

菅　国会で述べた通りです。ここはあの、質問に答える場所じゃないと私は思います。いずれにせよ、政府見解というものを事実に関連して質問していただきたい。

2日後、別の記者がこの発言の真意を問いただしている。

――一昨日の記者会見で、「質問に答える場ではない」と発言されていますが、記者会見という場についてのご認識をお願いします。

菅　記者会見は記者会のなかで決めていただくことになってますので、私から答

加計学園問題を巡る経過

2015年6月30日	■政府が「日本再興戦略」を閣議決定、獣医学部新設の検討と４条件を提示
16年11月９日	■安倍晋三首相が国家戦略特区諮問会議で新設方針を決定
17年１月20日	■諮問会議で加計学園による愛媛県今治市の新設計画認定
３月	■学園が岡山理科大獣医学部の設置認可申請
５月17日	■文部科学省が内閣府から「総理の意向」と伝えられたとする記録文書の存在が発覚
６月15日	■文科省が14文書の存在を発表
11月14日	■林文科相が獣医学部設置を認可
18年４月10日	■愛媛県職員が15年４月に首相官邸で柳瀬唯夫元首相秘書官と面会し、「首相案件」と言われたとの文書を作成していたことが判明
５月10日	■柳瀬氏が15年に３回、学園関係者と面会したと国会で説明。首相案件は「伝えたかった趣旨とは違う」と主張
21日	■県が国会に新文書を提出。学園からの報告として、15年２月に学園の加計孝太郎理事長が首相と面会したと記載
26日	■学園が首相と加計氏との面会はなかったとのコメントを発表
28日	■首相が国会で面会を改めて否定
31日	■学園の渡辺良人事務局長が県や今治市に謝罪。記者団に「私が（面会したと）言ったのだと思う」と説明
６月19日	■加計氏が岡山市で記者会見し「迷惑をかけた」と謝罪。理事長職を続ける意向を表明

弁することは控えたいと思います。

――「質問に答える場ではない」というのは官房長官ご自身が答弁されていて、どういう認識で述べられたのか、それを……

菅　この場は政府の見解について申し上げるところで、個人的なことについては答弁を差し控えたい。これは当然のことだと思います。すべてのことについて答える場ではないと思います。

――個人的なことを聞いているわけではなくて、まさに首相秘書官が官邸で誰と会ったかというのは政府が把握していることですし、それについて政府の調査内容についておうかがいしている。それに対し「答える場ではない」となると、会見自体が崩壊してしまうと思いますが。

菅　あの、そこはまったく違うと思いますよ。どなたに会ったかということについては答弁してますから。

菅氏は表情を一変させて「全く違うと思いますよ」と言い切ったが、柳瀬首相秘書官が面会の事実をやっと認めたのは2018年5月、国会に参考人招致された際のことだった。

菅氏に食い下がっていたのはいつも同じ記者で、会見に参加する記者全体が「言い逃れやウソを許さない」という雰囲気はなし。当時の官房長官会見はむしろ、メディアの分断を強く感じさせるものだった。

自殺職員の「手記」で森友問題追及が復活

加計学園問題と並ぶ安倍政権の「重大疑惑」が森友問題である。

この問題について、当時官房長官だった菅氏は基本的に「財務省の問題だ」として、自身は距離を置く立場を貫いていた。

しかし、いまなお財務省が本当に文書を独断で改ざんしたのか、官邸サイドの関与がなかったのかは明らかにされたと言い難い。「首謀者」とされる佐川宣寿・元国税庁長官は、証人喚問でも肝心な部分については何ひとつ語らなかった。

「森友疑惑」追及が国会で始まった直後の2017年2月22日、佐川理財局長

（当時）と太田充財務省大臣官房総括審議官（当時）が菅義偉官房長官に呼ばれ、官邸で国有地売却の経緯などについて説明していたことがわかっている。

菅氏への説明は、安倍首相の「私や妻が関係していれば、総理大臣も国会議員も辞める」という衆院予算委員会での答弁の5日後に行われた。そして文書改ざんはその直後から始まっている。時系列を見れば、官邸の関与が疑われても仕方のない状況であったと言える。

少なくとも、この問題について菅氏がまったく聞かされず、蚊帳の外だったということはあり得ない。

改ざんに加担させられ自殺した近畿財務局職員、赤木俊夫さんの「遺書」の内容が報道（『週刊文春』）された2020年3月18日、国会では菅官房長官が野党議員の追及を受けている。コロナの拡大が大きな問題となっていた状況下においても、遺書の内容は衝撃を持って受け止められ、大きく報道されていた。

「官邸の指示」は本当になかったのか

次は3月18日の衆議院内閣委員会における柚木道義議員（現・立憲民主党）と菅氏のやりとりである。

柚木　実は、赤木俊夫さんが亡くなられてしまうまでの大きな発端となった文書の改ざんのきっかけとなったのが、まさに2017年2月17日、安倍総理が「私や妻が関係したということになれば、総理も国会議員もやめる」と答弁をされた。

そして、その5日後に、22日、官房長官、お伺いをいたします、これは過去にも答弁をされている部分も含めて、確認も含めてお伺いをしてまいります。今回、まさに、御遺族が、唯一、これは、個人を訴えるというのは非常に珍しいケースだと聞いていますが、佐川元理財局長、そして、その後理財局長になる太田現・主計局長、あるいは中村、当時の理財局総務課長らと菅官房長官、22日の日に会合を持たれたということで伺っております。まず事実関係を確認してまいりたいと思いますが、これ自体は間違いございませんか。

菅　国会で答弁をしてきたとおりであります。

柚木　では、その会合は誰の指示で開かれたんですか。

菅　どのような実態かということで、私が状況を聞いたということであります。

柚木　２０１８年4月11日の答弁を確認いたしますと、長官は、総理から、２月17日の答弁後に、たとえば安倍昭恵夫人が、夫人付の政府職員が財務省国有財産審理室に問い合わせて、審理室が回答したことなども含めて、安倍総理の指示を受けて菅官房長官が22日に会合を開かれたということなんだと、私は国会の議事録を拝見して理解しておりますが、それで正しいですか。

菅　そのとおりであります。

柚木　当日は、超多忙な官房長官がわざわざ2回に分けて、一度は官邸で、一度は議員会館でそういった会合が開かれている。本当にお忙しい、分刻みの官房長官がなぜ1日に2度も会われる。そこで官房長官、具体的にどのようなやりとりをされたんでしょうか。

菅　まず当時、2月22日、森友学園の問題が国会でも大きな問題になったので、総理からもしっかり調べるような指示があり、財務省理財局、国交省航空局から土地売却の経緯等について御説明を受けたということであります。

柚木　その土地売却についての説明を受けた中で、安倍昭恵夫人が財務省の国有財産審理室に夫人付の職員を通じて問合せをしたことが決裁文書に書かれているといった報告は受けましたでしょうか。

菅　当時の記憶は定かでありませんけれども、先ほど申し上げましたように、この森友学園の問題が国会でも大きな問題になったので、総理から調べるようにということであります。そして、その日の夕方に、財務省理財局と国交省航空局に官邸に来てもらい、その概要の説明を受けましたけれども、限られた時間であって、慌ただしい日程の中であったので、その日の外の会合を終えた後、再度議員会館に来てもらって、続きの説明を受けたということであります。

そして、総理夫人については、夫人付から財務省に電話で問合せがあり、一般的な回答をしたことがあったが、それも含め何か問題になるようなことはなかった、そういうふうに答弁をしているというふうに思っています。

柚木　確かに、菅官房長官は、２０１８年4月11日の当時の宮本岳志委員の答弁に同趣旨のお答えをされています。

ただ、私がいまの答弁の中で気になるのは、問合せがあって、それを財務省近畿財務局、まさに舞台となったその現場に、夫人付の政府職員が財務省国有財産審理室を通して問合せをしたという部分についての今説明だったんですが、私がいま伺ったのは、その事実を書かれた決裁文書について22日の会合で報告、説明があったかどうか、お尋ねをしております。お答えいただけますか。

菅　決裁文書についてはなかったと思います。

柚木　その答弁が私はどうしても理解できない、合点がいかないんです。なぜならば、これは私、同じ日、２０１８年4月11日、これは川内（博史＝立憲民主党）委員の質疑に対して、同じやりとりがあった中で、官房長官はこういう答弁をされています。

総理夫人のことについて、夫人付から財務省に問合せがあり、一般的な回答をしたことがあったが、何か問題になるようなことはないということでありましたと。まさにいましがたの答弁。その旨をこうお答えになっているんですね。私は翌日、つまり23日ですね、総理に報告をいたしましたと。

これは、宮本委員に対しては、決裁文書に昭恵夫人の名前があったかどうかの、その報告はあったかというのは、そうした報告は一切受けておりませんと。

なぜ、決裁文書に昭恵夫人のことが書いてあるということが、報告を一切受けていないのに、安倍総理にはそのことについて何ら問題がなかったという報告ができるんでしょうか。この矛盾についてお答えください。

菅 これは2018年のことでありますので、記憶は定かでありませんけれども、総理から、森友学園の問題が国会でも大きな問題になってきたのでしっかり調べるように、そういう指示があり、私自身は、財務省理財局、国交省の航空局からの土地売却の経緯等について説明を受けました。

さらに、森友学園の土地の売却について、なぜごみの処分費用を差し引くことになったのかなど、経緯を当然聞くわけであります。特に、国会で大きな問題になっていた土地の値段について説明を受けたが、公共事業に使う基準で積算しており問題はないということであったということです。
そして、総理夫人のことについても、夫人付から財務省に電話で問合せがあり、一般的な回答をしたことがあったが、それも含めて何か問題になるようなことはなかった、そういうことであったので、そのことを私は総理に御報告をしたということです。

柚木　核心に微妙に触れられずにいま御答弁をいただいているんですよ、官房長官。

実は、官房長官は、この22日の会合の2日後の会見でこういうふうにおっしゃっているんですね。記者会見で交渉記録がない問題を問われたときに、決裁文書にほとんどの部分は書かれているのではないかと。

しかし、この決裁文書に、総理にも御報告をされた、昭恵夫人がまさに夫人付を通じて財務省に問合せをしていたことについて書かれている、いないの報告も受けていないのに、なぜ2日後の記者会見で、決裁文書にそのことが書かれている、決裁文書は30年間保存している、そう会見で断言できるんですか。

菅　当時、私、国会で明らかにしたことでありますけれども、私自身、この件について質問通告を受けていませんでしたので、詳細については控えたいと思いますが、いま、私自身の記憶の中では、申し上げたとおりであります。

官邸での会合から4日後に「改ざん」スタート

柚木議員はなおも、菅官房長官が「改ざん指示」に関与していた疑惑、可能性を追及する。

柚木　私も、当時の、そのまさに２０１８年２月17日の総理答弁、そして５日後の官房長官と佐川局長らとの会合、そしてその後、赤木さんが自死をされてしまって以降、まさにこの２０１８年４月11日の集中審議、そこでのいまのやりとり、なぜこういう矛盾が出てくるのかをよくよく考えてみて、なるほどと思いました。

それは、この２日後の会見で、長官が、まさに堂々と、そこに、決裁文書にほとんどの部分が書かれている、決裁文書は30年間保存している。しかし一方で、昭恵夫人がその決裁文書に夫人付を通じてアプローチをしていたこと、書かれていたことを一切報告を受けていないと答えたにもかかわらず、会見でそう言えるということは、実は、官房長官、22日の、まさに当時は秘密会合ですよ、佐川さんらとのその会合の中で、その後明らかになるこの決裁文書の改ざん、隠蔽についてのやりとりがそこで行われたからじゃないですか。いかがですか、官房長官。

菅　官房長官が、国会で大きな問題になっていることについて、その内容を聞くというのは、これ、当然のことじゃないですか。

ですから、私は、いま申し上げましたけれども、総理夫人のことについても、夫人付から財務省に電話があったけれども、一般的な回答をしたことがあったが、それも含めて何か問題になることはなかった、そうした説明を受けていましたから、そういう答弁をしたわけであります。

柚木　ぜひ質問にお答えをいただきたいんです。

その22日の会合で、その後、まさにこの赤木さんの慟哭の遺書から、手記から明らかになる、その改ざんは、22日の会合から4日目に第1回目の改ざん作業が行われています、日曜日。赤木さんは呼び出されて、何も聞かされていない。実際に改ざんが始まっています。そして、それは、既に作業が始まっていたけれども、人手が足りない、追いつかないからと、当時、池田（靖）統括官から呼出しがかかっています。

22日の長官、佐川局長らとの会合の中で、文書改ざん、まあ、改ざんという言葉は使わなかったかもしれない。しかし、修正する、そういうことが確認をされた。違いますか。

菅　そんなことは全くありません。

柚木　いま、官房長官は断言されましたね。22日に、その後、実際に改ざん作業が行われ、そのことが明らかになって、財務省も認めている。しかし、その22日の現場で、その改ざん、修正のためのやりとりは一切なかったといま断言されましたね。もし違ったら、これは責任問題ですよ。

その後、赤木さんは、何度も何度も抵抗して、涙を流しながら抵抗して、もともと担当でも何でもなかった、その改ざんを強要された上、お亡くなりになっています。自殺です。

22日の日に、改ざん、公文書、修正するやりとりがなかったんだったら、じゃ、誰が判断をしてこの改ざんが行われたと考えられますか。

菅　まず、当時の状況を考えてみてください。国会でこの森友問題が大きくなり始めたので、総理は実態について調べるように私に指示されたんです。

そして、そのことで私は、総理の指示を受けて、財務省の理財局と国交省の航空局から、土地の、まず売却の経緯、これは土地問題が大きな問題だったんです。ですから、土地の問題の中で、経緯を聞いて、国会でも大きな問題になっていた土地の値段について説明を受けた、こう国会で答弁しています。

また、総理夫人のことについても、そのときに、夫人付から財務省に電話問合せがあり、一般的な回答をしたことがあったが、それも含めて何か問題になることはなかった、こうしたことを私は報告を受けて、その後に総理にその旨を報告したということであります。

柚木　22日の会合で、その後実際に文書改ざんが始まっている。その場で何もそういうやりとりがされなかったのであれば、じゃ、繰り返しになります、答弁、ぜひ聞かれたことをお答えください。誰が指示をしてこの文書の改ざんが行われたんですか。佐川局長がみずからの首も飛ぶようなそんな判断を、じゃ、独断でして文書が改ざんをされた、そうお考えになるんですか。誰が指示したとお考えになりますか。

菅　私がそうしたことを知る由もないじゃないですか。私は説明を受けたわけですから。そのことでなぜ私がその場で指示をするんですか。説明を受けたんですよ。ですから、説明を受けたとおり私は総理に御報告したわけですから。

柚木　その場で、文書改ざんが実際にその後スタートしています。やりとりもない。では、佐川局長が、みずからの首が飛ぶようなことを独断でやる。いろいろな、私も財務省の政務官を務めていた時期もあります、みんな優秀な方ですよ。だけれども、そんな独断で自分の首が飛ぶような、実際に部下は自殺までしている、官僚の方がそんな判断をすることはあり得ない。私もこの問題で何人かの官僚の方とやりとりをしましたよ。

では、そこでやりとりもない、官房長官も指示していない、知る由もない。じゃ、麻生大臣が指示したんですか、あるいは安倍総理が指示したんですか。誰かが指示しないとこの問題は起こりませんよ。どう思われますか、官房長官。

菅　なぜ、そういう断定的な状況になって質問されるんでしょうか。少なくとも私自身は全くしていません。

柚木　これは、今後、この22日の会合の中身、これを、ぜひ委員長、お願いです。当時出席をしていた太田現主計局長、あるいは、いまロンドンの公使ですか、中村総務課長、この委員会にお越しいただいて、本当にそのやりとりがあったのかなかったのか、確認をさせてください。そうでなければ、赤木さんのこの自死をもっての抗議、この死が、そして御遺族の思いが報われませんよ。

柚木議員の質問は報道された「遺書」以外の新材料に欠け、やや迫力不足である。しかし、森友問題の再調査が必要と考える世論は急激に高まっており、その風に後押しされる形で菅氏も守勢に回らざるを得なかった。

菅氏が何も指示、あるいは承認していないとすれば、佐川氏の独断による文書改ざんの可能性が高まる。しかし、菅氏は再調査について必要ないとの態度を崩さない。

菅氏は、柚木氏の質問を聞きながら時に苦笑するような表情を浮かべた。菅氏が、余裕がなくなっているときにあえて見せることが多いとされる笑みである。

出世した「疑惑の官僚」たち

柚木　長官はいま、断言で否定をされましたから、もしこの中の内容が本当に明らかになってきたときに、仮にその現場で、確かに、2年、3年、記憶がたっている。その改ざん、修正等のやりとりが、もしそこで、長官の指示があったかどうかはわかりませんよ。しかし、そのやりとりがなされていたことがわかったら、笑わないでくださいよ、人の命が失われているんです。そのことがわかったら……（菅「私はないと言っているんです」）わかりました。

ですから、もし、もしですよ、そこの22日会合の中で、断言されたんですから、事実が違うということがわかったら責任をとられますか。

菅　そこは全く違う話じゃないでしょうか。

少なくとも、私はこの件について国会で繰り返し説明していますよ、何回も質問されて。詳細は一昨年の調査報告書にこれは示されているんじゃないですか。それで処分もされているんじゃないですか。あたかも私が関与した、そういう断定調に立って質問をして、そうでなかったらどうですか。

私は委員にお尋ねしたいんですけれども……ですから、あたかも私がそこを指示したような発言は、私は慎んでいただきたい。そうした、何があったかという事実関係は、それはいくらでも明らかにしてきているわけですから。そこは御理解をいただきたいと思います。

柚木　私たちの質問権に対してお答えいただくのが政府のお立場で、そこにいま御出席いただけていると思いますので、仮に、万が一と何度も私は前置きをしていますから、そう断言されていると聞こえるのは、長官、心の中に思い当たる節がおありなんでしょうか。

そうでないことがわかれば、それはそれで、御遺族の皆さんは真相を知りたいとおっしゃっているんですよ。なぜ夫が自死をしなければならなかったのか。それに対して私たち立法府は真相を究明する責務があります。その一環としての質問権です。聞かれたことにぜひ誠実にお答えをいただきたいと思います。

ではいま、処分という話がありました。佐川理財局長、処分どころか出世したじゃないですか。部下が自殺して、ほかにもそういう方がいるという話は聞いていますよ、財務省本省でも。出世して国税庁長官になっているじゃないですか。

その長官になるに当たっては、まさに内閣人事局のマターですから、官房長官の決裁、承認がなければ通りませんよ。菅官房長官が佐川さんを国税庁長官にすることもお認めになったから、佐川理財局長は、処分どころか当時出世をされた。違いますか。

菅　人事権者でありますす財務大臣から上がってきたわけですから、私は、当然、財務大臣のことを信頼していますから。そして、閣僚から上がってきたというのは、基本的に同意をするというのがならわしだというふうに思っています。

柚木　手続、建前はそうですけれども、実態として、これは国家公務員改革、国家公務員制度改革基本法の第11条にも、内閣官房長官がまさにプロセスの中で任命権者として決裁をしなければそうならないわけですから。上がってきたものをそこで蹴る、やっているじゃないですか、これまでも。そういう中で、やはり長官が佐川国税庁長官をお認めにならなければ出世をしなかった。

ぜひ伺いたいんですが、理財局長時代にまさに国会で虚偽答弁までやったことが明らかになって、それでも国税庁長官に出世できたのは、まさに体を張って安倍総理の2月17日の答弁を守り抜く、そういうことが評価をされて国税庁の長官になった、そういう見方は当たりませんか。

菅　全く当たらないと思います。

森友問題については、遺族が国や近畿財務局を相手取り訴訟を起こしている。何とかこの問題の幕引きを図りたい菅氏だが、政権スキャンダルの隠蔽が原因による職員の自死という問題は、それほど軽いものではないだろう。

「死者は忘れられる」恐ろしき社会

森友問題の構図を象徴する現象は、問題の幕引きに尽力し、官邸に忠誠を誓った人物の出世である。改ざんの直接関与が判明した佐川宣寿氏はさすがに国税庁長官を辞任したが、刑事責任を問われることはなかった。国会で「防戦」にあたった太田充氏、矢野康治氏はそれぞれ財務事務次官、主計局長に出世している。

加計学園問題でも暗躍した杉田和博官房副長官はいまなお官邸の仕切り役であり、懐刀の和泉洋人内閣総理大臣補佐官は、厚労省女性官僚との「不倫・公費流用疑惑」を週刊誌に報じられながら、事実上「お咎めなし」のまま現在もその立場を維持している。

官房長官時代の菅氏の秘書官をつとめた警察官僚の中村格氏は2020年、警察庁ナンバー2の警察庁次長に昇進した。中村氏は警視庁刑事部長時代の2016年、ジャーナリストの伊藤詩織さんが、安倍首相と親密関係にあった元

ＴＢＳワシントン支局長の男性に性的暴行を受けたとされる事件で、逮捕状の執行を直前でストップさせたと自ら認めている。

菅氏は、フェアに適材適所の人事を断行していると語っているが、周囲がその手法をどう見ているかは別物だ。

ひとつだけ確かなことは、菅氏に安倍政権時代の重要疑惑であった森友・加計学園問題を解明することはできないということだ。死者は忘れられ、生者は何も語らない――そんな国で良いのだろうか。

5章　新型コロナウイルス

特別取材班

有働キャスターの首相インタビュー

菅首相が、官房長官時代から目玉となるコロナ対策のひとつとして推進してきた「ＧｏＴｏトラベル」の全国一時停止を発表したのは２０２０年12月14日のことだった。

経済と感染拡大防止の両立を掲げ、「ＧｏＴｏ」にこだわりつづけていた菅氏であったが、内閣支持率の急低下と感染のさらなる拡大で、世論に屈する形での決断だった。

菅首相は12月11日に出演した『ニコニコ動画』の生番組に出演した際、「ＧｏＴｏトラベル」の見直しについては「考えていない」と明言したが、わずか３日後に方針を転換した。

菅首相は12月16日、日本テレビ系の『ｎｅｗｓ ｚｅｒｏ』の単独取材に応じ、有働由美子キャスターに決断の理由を語っている。

「メッセージが足りない」という批判を受けての出演だったはずだが、ここでも菅首相はいつもの自己弁護的な発言を繰り返し、有働キャスターには「響く言葉はなかった」と総括される始末。直前には著名人らと多人数で会食（菅氏含め8人）していたことも明らかになり、インタビュー出演が好感度アップにつながったとは言えない結果となった。

菅氏は番組の取材に対しこう語っている。（インタビューは収録放送）

有働　この3ヵ月のコロナ対策は十分だったでしょうか。

菅　私自身、就任の際、今日に至るまで、国民の命と暮らしを守ると。そして雇用を確保して事業を継続させると。それが最大の責務であると、こうしたことを申し上げてきています。

まず、出だしの時点から「菅話法」が始まる。十分だったのか、そうでなかったのか。聞かれたことに答えないで、自分の言いたいことを言う、官房長官時代からのクセが抜けなくなっているのだろう。そしてその後も終始、論点のずれた答えは続いていく。

菅　そんななかで、その数字（菅政権発足後、3ヵ月のコロナ死者数は1235人。2020年2月以降の死者数は累計2715人）ですけれども、いろんな考えがあろうかと思いますけれどもご批判については真摯に受け止めながら、できることはすべてやると。そういう思いで今日まで取り組んできています。

有働　不十分だった点はどういう点でしょうか。

菅　いろんなことが考えられると思いますけれども、いずれにしろこれ、初めてのことでありましたので、試行錯誤しながらですね、取り組んできています。

「不十分な点」を聞かれてそれには答えず。「初めてのこと」だから仕方がなかったとも聞こえるが、噛み合っていない。

なぜ「GoToトラベル」を一時停止したか

もう少しインタビューの中身を紹介しよう。

菅　そもそも2月のはじめから、コロナになってから、だいぶ反省して効率的な対応ができるようになってきてますので、たとえば薬、レムデシビル、この治療というのは非常に効いていると。色々な報告を受けています。さらにいまは飲食。ここがしっかり対応する必要がある。こういうことを明快にですね、諮問委員の先生方から提案いただける。そうしたことに的を絞って対応することができるようになってきている。

有働　（菅首相自身の会食について）国民には4人以下と呼びかけられているなか8人（で会食）ですか。呼びかけている国のリーダーとして「じゃあ国民どうすればいいの」となりましたけれども。

菅　正直言って当初ですね、遅く行きましたから、ご挨拶をさせていただいて失礼しようと思ったんですけれども、結果的にはそこに40分程度ですか、残っていろいろな話をするような結果になりまして、そこは大いに反省をしているところであります。

有働　「勝負の3週間」、感染者が増え続けた。何がうまくいかなかったと考えますか。

菅　私ども対応するときにやはり専門家、分科会というものから提言をいただきながらそこで政府として対応してきてます。そのなかで今回も言われてるのはやはり飲食。この点と、気候が寒くなってきたから。そうじゃないかということを専門家の皆さんからは指摘いただいてます。

有働　勝負の3週間ということで、我慢しなきゃ、頑張らなきゃと思う一方で、「GoToトラベル」があると旅行は、対策はするけど行っていいのねと。しかも総理も会食をたくさんの人数でしていると。国民の気持ちとして「どっちに向かうんだ」というのがものすごく分かりにくい。国民の心理的なものについてはどうお考えですか。

菅　「GoToトラベル」ですけど、最初7月の中頃に判断したわけですけども、これについても当時、いわゆる専門家の先生方から話をうかがうなかで、「移動することによって感染は増えない」という提言をいただいていたんです。

自分に責任ありますから、「ＧｏＴｏトラベル」を開始してずっと見てました。８月から９月にかけては、現実的に減少してきてるんですよね。今日までに約５０００万人の方にご利用いただいてですね、コロナ感染された方が報告だと２７０名でありますから、それは言われた通りではないかと思います。

菅首相は２７０名というが、まず５０００万人は延べ人数であるし、コロナ感染者すべてに「ＧｏＴｏを利用したか」と調査しているわけではなく、あくまでも自己申告の数字である。そもそも感染経路が不明の感染者割合が非常に大きくなっているなかで、２７０名を根拠に「ＧｏＴｏトラベル」とコロナ感染は関係ないと論じるのには無理がある。

そもそものことを立証するのはまだ時間がかかるのであり、ここで問われているのは政府としてのメッセージの問題だった。

人の移動を促すような政策と「不要不急の外出は控えて」というメッセージを同時に出すのは矛盾しているし、旅行を推進することで、人々は緊張感を共有しにくくなる。「ＧｏＴｏトラベル」でコロナに感染するかしないかは別として、メリハリのきいた一貫性のある対策を打ち出すべきじゃないのかというのが質問の趣旨なのだが、菅首相はそれを理解できていないようだ。

なぜ「ＧｏＴｏ」をいったん中止としたのか。その理由についてはこうだ。

菅　当時「ＧｏＴｏトラベル」について感染することはない、と言ってました。しかしここにきて医師会の会長が「エビデンスはない」、根拠はないけれども気の緩みにつながるような発言をしましたよね。私どもが判断をするときにいちばん大切にしているのが専門家の先生方のご判断です。専門家の先生方もですね、ここにきて「ＧｏＴｏトラベル」についても、ステージ3、感染拡大が続いているところについては飲食だけでなくて「ＧｏＴｏトラベル」についても一時停止をしたらどうですかという提案になってきている。

有働　ただ専門家の先生たちももう少し早い段階で次のステージをきちんと示すべきだとおっしゃっていましたし、世論調査（ＮＮＮと読売新聞による）でも

77％の人が「ＧｏＴｏトラベル」についていったん中止、あるいはやめたほうがいいと答えていました。

菅　そこはですね、私が申し上げましたように、専門家の先生方、分科会の提言をいただくなかで、私どもは行動してきてます。今回、年末年始、いったん停止を表明しました。これについて分科会の尾身茂会長は、「私たちよりもまだ提案する先のことをやってくれている」と。そういう発信をしていただいてます。

要は専門家が、ここにきて停止を呼びかけるようになったので、政府としてその判断に従ったというわけである。

その後も菅首相は「専門家」「分科会」という言葉を連発し、専門家の見解が判断のポイントになっていることを繰り返し強調した。

だが、政治家と専門家は立場が違う。コロナの感染防止と経済のどちらを優先させるか、それを最終的に決めるのが政治家の仕事であり、「専門家がそう言っている」を絶対に守るのであれば、尾身会長が首相代行をつとめればよい。事実、「コロナを恐れず経済を優先させてほしい」と考える日本人も決して少なくはない。

インタビュー全編を通して感じられたのは「覇気のなさ」「責任転嫁」「言い訳」「頼りなさ」であり、有働キャスターでなくとも「響く言葉はなかった」と感じたことだろう。

菅首相が本当に重視しているのは専門家の意見ではなく、世論と支持率である。選挙を控え、これ以上支持率を下げないようにするためにはどうしたらいいか──その本音が国民に見透かされてしまっていることが、「菅氏は総理の器ではない」という評価にもつながっている。特定のメディアの取材に答えるのではなく、自ら記者会見を開き、自身の考えを自分の言葉で説明するべきではないか。このままでは、危機のリーダーとして失格である。

「第3波」の直撃を受けた菅政権

安倍政権の終焉は、コロナ対策の失敗が直接のきっかけとなった。第2波の衝撃を乗り越えるだけの体力、気力がなくなった安倍首相は自ら辞任を表明。そこでコロナが収束すればよかったが、不幸にも菅政権はいまコロナの「第3波」に飲み込まれようとしている。

コロナ対応は当初、安倍首相腹心の今井尚哉秘書官や経産省出身官僚が仕切っていたとされ、菅氏は重要な決定事項に関わっていなかったとされる。今井氏とは関係が良くなかった当時の菅官房長官が、全国の小中学校の一斉休校措置決定に関与していなかったことは大きく報じられた。

だが6月以降、観光支援策の「ＧｏＴｏキャンペーン」を二階幹事長とともに主導した菅氏は、第2波が落ち着くと再び存在感を高めていく。

もし、そのままコロナの感染拡大が抑えられていれば、菅政権を取り巻く状況は大きく変わっていただろう。利用者にも、事業者にもメリットのある「ＧｏＴｏ」は、コロナの拡大さえなければどこからも批判されない、ポイントの高い政策となるはずだった。

だが気温の低下とともに、過去最大級の「第3波」が到来。「ＧｏＴｏ」の評価は負に動き、政府の目算は大きく狂った。

菅首相が「GoToトラベル」の一時中止を決断したことは、あらゆる国民から批判された。もともとこの政策を支持していなかった層からは「遅すぎる」と酷評され、コロナより経済を優先させるべきと考える観光・旅行業界からは「反対派に負け、確たる根拠もなく政策を中止した」と不満をぶつけられる。

感染の拡大を止められない限り、何をしても批判されるという状況のなかで、開催が危ぶまれる東京五輪、総選挙が迫ってくる。明るい材料はほとんどないといっていい。

理論を国民に理解してもらうことの難しさ

2020年末時点において、菅政権のコロナ対応でもっとも大きなダメージとなったのは、言うまでもなく「GoToトラベル」の挫折だ。

「GoToが感染拡大の原因であるというエビデンスはない」という論理に相当こだわっていた菅氏だが、その論理を国民に理解してもらうための努力が不足していた。

人間の移動は日々各地で起きており、確かに「ＧｏＴｏトラベル」がコロナを拡大させる重要ファクターであるという確実な理由はないかもしれない。

その一方で、「少しでも人の移動を控えるべき時期にＧｏＴｏはどうか」という行動論には、一定の説得力がある。

このあたりは11月の下旬から、国会でもさかんに議論されたテーマだったが、もし「ＧｏＴｏ」を続行したいのであれば、単に「地方経済は苦しい」というだけではなく「どうして経済優先なのか」「どういう条件ならＧｏＴｏの見直しを行うか」という点について、具体的に、気持ちを込めて、何度も繰り返して国民に訴える必要があっただろう。

11月25日の衆議院予算委員会では、野党議員との間でこんなやりとりがあった。質問者は枝野幸男・立憲民主党代表だ。回答したのは田村憲久厚労相と菅首相である。

枝野　新規感染者が急増して、過去最高の数字を記録をしています。東京では、重症者の数が過去最高という報道もなされています。第3波と残念ながら言わざるを得ない状況でございます。政府は「ＧｏＴｏトラベル」が感染拡大させたというエビデンスはないと繰り返しおっしゃっていますが、じゃ、何でこの時期にこんなに急増していると認識をされているのか。その原因、理由をはっきりできなければ対策を打てないはずだと思います。なぜいまこんなに急増しているんですか。

田村　過去最大の数値でありますから、大変な緊張感を持っていま対応しているわけでありますが、専門家の方々にもいろいろと我々も確認するんですが、明確な断定はできないという中において、ひとつは、十分に感染防止策等々が講じられていないということもある、そして、そんな中において人の動きというものがふえてきている、そして、何よりもやはり気温の低下、これも大きな要因であろう、このようなことをおっしゃっておられます。

枝野　結局、原因がはっきりしないという状況のなかで、私からすれば、現在手をこまねいていると認識せざるを得ないんですが、「ＧｏＴｏトラベル」が感染拡大を助長したのではないんですか。人の移動が活発になれば感染が広がるというのは、これはこの感染症が問題になってから一貫して政府自身もおっしゃり、国民の皆さんに対して、だから、行動制約を求めてきました。第１波、第２波では、活動を７割から８割減らすこと、人との接触そのものを減らすことを政府が国民の皆さんに求めてきました。

まず、この春先、７割、８割、人との接触を減らすことと求めてきたのは間違いだったんですか。総理、どうですか。総理御自身が官房長官として、時の政府が国民に求めてきたことですよ。総理、いかがですか。

田村　当時、そういう話の中で、接触制限、８割、人との接触を減らすという話であります。ただ、その後、いろいろなことを経験で我々も学んできたわけでありまして、これも専門家の方々、分科会で申されておられますけれども、５つのリスクの高い場面があると。

たとえばそれは、宴会等の場所、それから、長時間にわたる大人数でのやはり飲食を伴うようなところ、さらには、マスクを外して会話をするような場面、そして、それぞれの行動をする中において転換点がある、たとえば、仕事をやっている中でちょっとコーヒーを飲みに行くときにマスクを外して、そこでいろいろなお話をする、それからもうひとつは、狭いところで共同生活をするような場所等々。

そういう危険な場面というもの、そういうものにどうやって感染防護をしながら対応していくか、こういうことになってきたわけでありまして、そういう意味では、ただ単に行動制限というよりかは、我々もいろいろな経験のもとでいろいろな対応をいままでしてきておるということであります。

枝野　ということを求めてきたにもかかわらず、こんなに増えてしまっている、過去最高になってきてしまっているんじゃないですか。

明確に、この間政府がやったことは、「GoToトラベル」「GoToイート」そのことによって直接感染が広がったかどうか、エビデンスはない。でも、なぜ広がっているのかわからないんですから、それが理由ではないというエビデンスもないんじゃないですか。

人の移動が活発になれば感染が広がる。「ＧｏＴｏトラベル」は人の移動を政府が推奨した、勧めていた、これは間違いないですね。いまも勧めているんですよね、全面中止じゃないですから。総理。


菅　政府の仕事は、国民の命と暮らしを守ることであります。

そうした中で「ＧｏＴｏトラベル」今日まで約４０００万人の人に御利用いただいております。そして、現実的にコロナの陽性になった方は１８０名であります。

もともと、この「ＧｏＴｏトラベル」を進めるにあたって、当然、政府の分科会の皆さんの意見を聞きながら進めさせていただいております。

まさにこの「ＧｏＴｏトラベル」によって地域経済を下支えているということは、これは事実じゃないでしょうか。

そして、先週、20日の日に、専門家の分科会の提言において、「ＧｏＴｏトラベル」が感染拡大の主要な原因であるとのエビデンスは現在のところは存在をしないと。こうしたことも御承知だというふうに思います。

まず、専門委員会の皆さんが20日の日に提言をいただいた、その提言を尊重し、感染拡大地域において「GoToトラベル」の運用のあり方について早急に検討していただきたいということでありましたので、私たちは、20日の翌日にコロナ対策の全体の会合を開いて、新たに感染拡大防止のために予防措置として、医療体制を守るために、一部の地域に一時停止、そうした方向を決定したということであります。


11月下旬の段階では、まだ「GoTo」の中止圧力はそこまで強くなかった。しかし、その後感染の拡大傾向が続くと、医療崩壊の危機が連日メディアで報じられ「分かりやすい人の移動」である「GoToトラベル」への批判が急速に高まっていく。

政治が「すべては結果」だというなら、菅氏の判断は間違っていたというしかない。

「情報を出さない」習性が身を滅ぼす

安倍前首相には、菅官房長官がいて、今井補佐官もいた。表の顔としての安倍氏がいたからこそ、菅氏、今井氏は自らのポジションで力を発揮した。それが長期政権を支える土台となった。

しかし、菅首相には「表の顔」をつとめる力量がない。話しぶりに抑揚がなく、原稿は棒読み。カメラに映る姿はいつも手元の原稿を見る表情で、国民に陽性のメッセージを語りかけることができない。

菅首相には、コロナによって本当に苦しんでいる国民、弱者を助けたいという「志」があり、諸外国と比べ感染者、死者が少ない日本ではまだ「経済優先」を貫く時期だという考えがあるのかもしれない。

もしそうであれば、国民にそれが伝わるまで、信念を訴えなければならなかったが、長年「情報を出さずに政権を守る」官房長官の仕事をしてきたせいか、情報を発信して政権を守るという発想を持つことができないでいる。

世界を襲ったコロナ禍は、それぞれの国のトップに立つ人物の本当の実力と資質を浮き彫りにした。安倍氏に続き菅首相も「コロナ退陣」となれば、日本人は強き政治リーダーの不在を嘆かなければならないだろう。その可能性は日増しに高まっている。

【付録】菅義偉首相記者会見全文（２０２０年９月16日、12月４日）

【総理大臣就任会見】（2020年9月16日）

第99代内閣総理大臣に指名をされました菅義偉であります。

まず冒頭、いまもなお楽観を許されない新型コロナウイルス。この感染症によって命を落とされた方々へお悔やみを申し上げますとともに、国民の命と健康を守るために、昼夜分かたず全力で取り組んでおられる医療、介護、関係者はじめとするすべての方々に深く感謝を申し上げます。また、豪雨や台風など、この一連の災害でお亡くなりになられた方々のご冥福をお祈り申し上げますとともに、被害を受けた方々に、お見舞いを申し上げます。

これまで、第2次安倍政権の内閣官房長官として、日本経済再生、外交安全保障の再構築、全世代型社会保障制度の実現という、この国の未来を左右する重要課題に取り組んでまいりました。また、今年に入ってからは、新型ウイルス感染症の拡大と、戦後最大の経済の落ち込み。かつて直面したことがないこうした事態に真正面から対処して参りました。

今回、安倍首相が、病気のため、道半ばで退かれることになりました。前首相の無念の思いを推察いたします。しかし、この国難にあたって、政治の空白は決して許されません。この危機を乗り越えて、全国民の皆さまが安心して生活を取り戻すことができるためには、安倍政権が進めてきた取り組みをしっかり継承して、前に進めていく。そのことが私に課された使命である。このように認識をしております。

いま取り組むべき最優先の課題は、新型コロナウイルス対策です。欧米諸国のような爆発的な感染拡大を絶対阻止をし、国民の皆さんの命と健康を守り抜きます。その上で社会経済活動との両立を目指します。さもなければ、国民生活が成り立たなくなるからであります。年初来の新型コロナウイルス対策の経験を生かしてメリハリの効いた感染対策を行い、検査体制を充実させ、必要な医療体制を確保します。来年前半までに全ての国民の皆さんに行き渡るワクチンの確保を目指しております。

同時に依然として厳しい経済状況の中で、雇用を守り、事業継続させていくことが極めて大事なことであります。最大200万円の持続化給付金。また雇用調整助成金。最大4000万円までの無利子無担保融資の経済対策。必要な方々にお届けします。さらに「GoToキャンペーン」などを通じて感染対策をしっかり講じることを前提に観光、飲食、イベント、商店街などダメージを受けた方々を支援していきます。

「GoToトラベル」については、4月のスタート以来、延べ1300万人の方にご利用いただきましたが、利用者の感染者は10名にとどまっています。今後も躊躇なく対策を講じていきたい。このように思います。

経済の再生は、引き続き政権の最重要課題です。金融緩和、財政投資、成長戦略、3本の柱とするアベノミクスを継承して今後とも一層の改革を進めてまいります。政権発足前に、1ドル70円台、株価8000円台で、企業が日本で経済活動を行えるような状況ではありませんでした。現在はこの新型コロナウイルスの中にあっても、マーケットは安定した動きを見せています。

安倍晋三政権発足以来、人口が減少する中でも就業者数は約400万人増えました。そのうちの330万人が女性です。全ての都道府県で、有効求人倍率が1を超えることができました。すなわち、働きたい人は全て働くことができるような環境を作ったんです。

バブル崩壊後最高の経済状態であったのですけれども、ところが、まさにこの新型コロナウイルスが発生しました。まずはこの危機を乗り越えた上で、ポストコロナの社会の構築に向けて集中的に改革し、そして必要な投資を行い、再び強い経済を取り戻したい。このように考えます。とりわけ、新型コロナウイルスで浮き彫りになったのは、デジタルおよびサプライチェーンの見直し。こうしたことであると思います。

また、ようやく解禁されたオンライン診療は今後も続けていく必要があります。ポストコロナ時代の子どもたちの教育のために、ギガスクールも強力に進めてまいります。行政のデジタル化の鍵は、マイナンバーカードです。役所に行かなくても、あらゆる手続きができる。そうした社会を実現するためには、マイナンバーカードが不可欠です。

しかしその普及が進んでいませんでした。今後できることから前倒しで措置するとともに、複数の省庁に分かれている関連政策を取りまとめて、強力に進める体制として、デジタル庁を新設いたします。また、ポストコロナ時代にあっても、引き続き、環境対策、脱炭素化社会の実現、エネルギーの安定供給もしっかり取り組んでまいります。

秋田の農家の長男に生まれた私の中には、一貫して地方を大切にしたい。日本の全ての地方を元気にしたい。こうした気持ちが脈々と流れております。私はこの気持ちを原点として、知恵を絞り、政策を行ってきました。第1次安倍政権で、総務相に就任した際に、かねてから自分の中で温めていたふるさと納税。官僚の大反対の中でありましたけれども、押し切って立ち上げました。

それは、地方から東京に来た人たちは自分を育ててくれたふるさと、何らかの形で貢献をしたい。何らかの形、絆を持ち続けていたい。そう思っているに違いない。そうした私の考え方から、ふるさと納税というのを発案して、そして実現に移したわけであります。あれだけ反対がありましたけれども、いま多くの国民の皆さんにご利用をいただいております。

官房長官として、地方の活性化に取り組んできましたけれども、何よりうれしかったのは昨年、26年間も地方の地価って皆さん下がりっぱなしだったんです。もう二度と上昇しないといわれていた地価が27年ぶりに上昇に転じたことであります。

これは、地方創生の切り札である外国人観光客。いわゆるインバウンドが効果を見ました。政権発足当時、８３６万人でしたが昨年は３２００万でした。外国人観光客が地方にも足を運び、消費額全体で１兆円だったのが約5兆円まで伸びました。農業も、農林水産品の流通も４５００億円から昨年は９０００億円まで伸びたんです。今後とも、こうしたことを中心に地方を活性化するような政策をしっかり取り組んでいきたい。このように思ってます。

わが国の未来を担うというのは子どもたちであります。少子化対策はわが国の長年の課題であります。これまで幼稚園、保育園、大学、専門学校の無償化や、男性の国家公務員による最低1ヵ月の育休取得も進めてきました。

若い人たちが将来も安心できる全世代型社会保障制度を構築をしてまいりたいと思います。待機児童問題については、経済成長の果実を生かして、72万人分の保育の受け皿の整備を進め、昨年の待機児童者数というのは、調査開始以来最少の1万2000人でありました。今後、保育サービスを拡充し、この問題に終止符を打っていきたい、こういうふうに思います。

さらに出産を希望する世帯を広く支援をし、ハードルを少しでも下げていくために不妊治療への保険適用を実現します。安心して子どもを産み育てることができる社会。女性が健康に活躍することのできる社会、そうした環境をしっかりと整備をしていきたいと思います。

また、外交および安全保障の分野については、わが国を取り巻く環境が一層厳しくなる中、機能する日米同盟を基軸とした政策を展開する考えです。国益を守り抜く。そのために、自由で開かれたインド太平洋を戦略的に推進するとともに、中国、ロシアを含む近隣諸国とも安定的な関係を築いていきたい、このように思います。

戦後外交の総決算を目指し、特に拉致問題の解決に全力を傾けます。この2年間、拉致問題担当相を兼務し、この問題に取り組んできました。米国をはじめとする関係国と緊密に連携し、全ての拉致被害者の1日も早い帰国を実現すべく、引き続き全力で取り組んでまいります。

また、7年8ヵ月の官房長官在任中は危機管理の責任者として、あらゆる案件に対応してきました。弾道ミサイルなどの安全保障上の脅威、自然災害、海外在住の日本国民へのテロの危険などさまざまな緊急事態、そうした危機に迅速かつ適切に対処してきました。

私は、それ以上に世の中には国民の感覚から大きくかけ離れた、数多くの当たり前でないことが残っている、このように考えてきました。省庁の縦割りによって、わが国にあるダムの大半は洪水対策に全く活用されてなかった事実、国民の財産の電波の提供を受け、携帯電話大手3社が9割の寡占状態を長年にわたり維持して世界でも高い料金で20%もの営業利益を上げ続けている事実。他にもこのような当たり前でない、いろんなことがあります。それらを見逃さず、現場の声に耳を傾けて何が当たり前なのか、そこをしっかりと見極めた上で大胆に実行する。これは私の信念です。今後も揺らがず行っていきたいと思います。

私が目指す社会像、それは自助、共助、公助そして絆であります。まずは自分でやってみる。そして、家族地域で、お互いに助け合う。その上で政府がセーフティーネットでお守りをする。こうした国民から信頼される政府を目指していきたいと思います。そのためには行政の縦割り、既得権益、そしてあしき前例主義、こうしたものを打ち破って規制改革を全力で進めます。

国民のためになる、ために働く内閣を作ります。国民のために働く内閣。そのことによって国民の皆さんのご期待にお応えをしていきたい。どうぞ皆さまのご協力もお願い申し上げたいと思います。以上をもちまして私のあいさつに代えさせていただきます。

【質疑応答】（質問者名は省略）

――衆院解散・総選挙の判断は。新型コロナウイルスのワクチンが国民に行きわたらない状況では行わないか。

これまでも、自民党総裁選の中でもご説明をさせていただいています。新しい内閣に対する国民の期待。いま、国民が求めているのは、新型コロナウイルスの収束を何とか早くやってほしい。そして同時に、経済をしっかり立て直してほしい。まさにこの感染拡大防止と経済の両立を国民の皆さんが一番望んでいるというふうに思います。

私たち、今日、内閣が発足したわけであります。まずこのことに全力を挙げて取り組んでいきたい。そして国民の皆さんに1人1人が安心して生活できる。元通りの生活。ここを一刻も早く実現したいと思います。そのためには、先ほど申し上げましたけれども、コロナ禍の中でいろんな学習もしてきました。この対策についても、メリハリのある対策をやる。そしてコントロールしていく。また「GoToキャンペーン」。こうしたものにも支援を行い、経済の回復もしっかり目指していく。まずはここに専念をしたいと思います。

そういう中で、ワクチンの確保。これは先ほど申し上げましたけれども、来年までにはワクチンの確保。こうしたことは、来年の前半まで目指していくと申し上げました。そういう中で、いずれにしろ1年以内に衆議院はこれ、解散総選挙があるわけでありますから、そうした時間の制約も視野に入れながら、ここは考えていきたい。こういう風に思います。

——新内閣の布陣の狙いは。「忖度」など安倍晋三政権の負の側面も継承するか。「森友・加計学園」問題や、「桜を見る会」の追加的検証は行わない考えに変わりないか。

まず、この内閣は先ほど申し上げましたように、既得権益を打破し、規制を改革する。国民のために働く内閣であります。そうしたことを皆さんの期待に応えていきたいというふうに思います。また、安倍政権にはさまざまなご指摘いただきました。客観的に見て、おかしいことは直していかなきゃならない。こう思います。今後もご指摘のような問題が二度と起こることがないように、謙虚に、そして皆さんの声に耳を傾けながらしっかり取り組んでいきたいというふうに思ってます。

森友学園に関しては、公文書改ざんについて、すでに財務省で調査を行い処分も行っています。また、検察の捜査も行われ、結論も出ている話であります。さらに「桜を見る会」。このこともいろんなご指摘をいただきました。安倍政権発足以来、政権が長くなる中で、多くの方が、招待客が多くなったこともこれは事実だというふうに思ってます。また最近この会のあり方についてもいろいろご批判があります。私そういう大臣に就任をして、この期にやはり、来年以降、この「桜を見る会」。こうしたことは、中止をしたい。このように思っております。

また、河井(克行、案里両)被告の件でありますけれども、いま裁判中でありますので、私からこの場で発言することは控えたいというふうに思います。

――河野太郎規制改革担当相を起用した狙いは。経済の構造改革は河野氏とともに首相主導で実行するのか。規制改革の答申取りまとめは、より柔軟にスピード感を持って対応するのか。規制改革の対象となる具体的な分野は。

まず7年8ヵ月間官房長官を務める中で、なかなか進まない政策課題というのは、だいたい役所の縦割りや前例主義、これが壁になってできなかったんです。ダムについては、やはり省庁の縦割り、同じダムでも自然放流できるとのできないのがある。あるいはふるさと納税を作ろうとしたときに、役所から言われたことは、住んでいる市町村以外に税金納めるなんて前例がない。こう言われました。あるいは観光客へのためのビザ緩和。安倍政権発足して緩和をしたんですけど、このときも治安当局が反対だったんです。国土交通省や観光庁、所管しているところはやりたかったんですけど、治安当局が反対している。これはビザを緩和して外国人が来ると、不良外国人の犯罪が多くなる。そういう理由でできなかったんです。

ですから、こうしたことを探せばいくらでもあると思ってます。まさに縦割りと既得権益と悪しき前例、こうしたものを打破して規制改革を進めていく。その中でそういうのに一番、私は河野太郎大臣というのは、党の行政改革もやってましたんで、それで任命をいたしました。そしていま、お話をいただきましたように、たとえば国民、今日の閣僚の呼び込みの中で私の指示として、河野大臣、たとえば「縦割り110番」みたいな、国民の皆さんからこんなことが現実に起きている。そうしたことを参考にしたらどうだっていうことも今日は大臣に指示をしてきました。

いずれにしろ、縦割りそして既得権益、そして前例主義。こうした問題があることについては、まあ全てこの河野大臣のところでまとめて、国として対応しようと。そして私自身がこの規制改革というのを、この政権のど真ん中に置いてますから、これは大臣と首相とで、しっかりとやっていきたい。このように思ってます。

――菅義偉新政権にとっての拉致問題の位置づけは。日朝首脳会談の必要性は。

まずこの拉致問題については、安倍政権同様、最重要の政権の課題であります。実は私自身も安倍首相と出会い、付き合うようになったのは拉致問題でありましたから、それ以来今日まで拉致問題に取り組んできています。

特に拉致被害者のご家族の方がご高齢になる中、拉致問題の解決は一刻も猶予がない。引き続き、米国と緊密に連携しながら、執り行っていきたいと思いますけれども、私自身、首相に就任しましたので、不退転の決意で、この問題は、自ら先頭に立って取り組んでいきたい、そうした決意で対応していきたい、このように思ってます。

（拉致被害者の）横田さんのお父さん、めぐみさんを引き会わせることができなくて、お亡くなりになりましたけれども、本当に申し訳ない思いでいっぱいであります。

――「桜を見る会」は来年以降中止だが、安倍氏や誰かに相談したのか。決断に至った経緯、思いは。

これから予算要求をすることになってますので、そうしたことよりもいま大事なのは、コロナ対策、こうしたものに集中をしていきたい、そういう強い思いの中で、私、首相になってですね、それ予算要求はしない、そういうことを決めたということです。

――安倍氏に話をしたか。

このことについては、その（安倍）首相にも、これ、従前から予算要求については否定的なことでした。

【首相記者会見】（臨時国会閉会時、2020年12月4日）

菅内閣として初めて臨んだ臨時国会が明日、閉会をします。

現在、新型コロナウイルスの新規感染者数や重症者数が過去最多となり、極めて警戒すべき状況が続いています。既に先週から重症者向けの病床がひっ迫し始めており、強い危機感を持って対応しています。コロナウイルスとの闘いの最前線に立ち続ける、医療、介護などの現場の皆さんの献身的な御尽力に、深い敬意とともに心から感謝を申し上げる次第でございます。

これまでも申し上げてきていますように、国民の命と暮らしを守る、これが政府としての最大の責務です。新型コロナの分科会が感染リスクの高い場面として指摘するのが飲食です。お店の時間短縮は極めて重要と考えております。短期、集中の対策として先週末から各地で時間短縮要請が行われており、協力いただいた全ての店舗に対して、国としてもしっかりと支援をしてまいります。

「ＧｏＴｏイート」については、新規発行の停止、人数制限などを要請し、「ＧｏＴｏトラベル」については、一時的に札幌市、大阪市に向けた旅行は対象外とし、これらの地域からの旅行、また、東京都の高齢者、基礎疾患をお持ちの方々については、利用を控えるように呼び掛けをいたしております。

空きベッドに対する収入補償を始め、医療機関、高齢者施設などのコロナ対策について、最大限の支援を行います。これまでの経験を踏まえ、検査や感染者への対応を行う保健所、軽症者用のホテル、重症者用の病床、それぞれについて、更に体制を整えてまいります。各地の保健所に派遣する専門職、これまでの倍の１２００名、確保いたしております。

この国会では、ワクチンの無料接種のための法案が成立をしました。ワクチンについては、国内外において治験が複数進められており、既に最終段階に到達しているものもあります。安全性、有効性を最優先としつつ、承認されたワクチンを直ちに必要な方に接種できるよう、事前の準備に万全を尽くしております。

これから年末を、また年始を迎えます。高齢者はもちろんのこと、若者を始め国民の皆様におかれては、科学的にも効果が立証されているマスクの着用、手洗い、3密の回避といった基本的な感染対策を徹底していただくよう、改めてお願いを申し上げます。

国民の命と暮らしを守る、そのために雇用を維持し、事業を継続し、経済を回復させ、新たな成長の突破口を切り開くべく、来週早々には経済対策を決定します。雇用調整助成金はパートや非正規の方々も含めて日額1万5000円の助成を行っており、こうした特例の延長に必要な予算を手当ていたします。

さらに、公庫による最大4000万円の無利子・無担保融資も来年前半までいまの仕組みを続けます。手元資金に困っている方々のための緊急小口資金についいては、3月以来、約5000億円が利用されており、所得の減少が続いている場合には返済も免除しておりますが、これらの措置の延長も行います。さらに緊急的な手当てとして、ひとり親世帯については、来週、予備費の使用を決定し、所得が低い世帯は1世帯5万円、更に2人目以降の子どもについては3万円ずつの支給を年内めどに行います。

各自治体の事業者の支援など、独自の事業に加え、営業時間短縮を要請した場合のいわゆる協力金を国として支援するために、地方創生臨時交付金を1・5兆円、確保します。

これらの措置によって、現在の厳しい状況を何とか乗り越えていただき、経済回復の足掛かりとしたい、このように思います。

その上で、我が国に必要なものはポストコロナにおける成長の源泉です。その軸となるのが、グリーン、デジタルです。8年近くにわたるアベノミクスによって日本経済は最悪の状態を脱し、もはやデフレではない状況をつくり出し、人口減少の中で雇用者数を増やし、観光や農業の改革は地方経済に大きく貢献をしました。

私が所信表明演説で申し上げた2050年カーボンニュートラルは、我が国が世界の流れに追いつき、一歩先んじるためにどうしても実現をしなければならない目標であります。環境対応は、もはや経済成長の制約ではありません。むしろ、我が国の企業が将来に向けた投資を促し、生産性を向上させるとともに、経済社会全体の変革を後押しし、大きな成長を生み出すものであります。こうした環境と成長の好循環に向けて発想の転換を行うために、今回の経済対策では、まずは政府が環境投資で一歩大きく踏み込みます。

過去に例のない2兆円の基金を創設し、野心的なイノベーションに挑戦する企業を今後10年間、継続して支援していきます。無尽蔵にある水素を新たな電源として位置付け、大規模で低コストな水素製造装置を実現します。水素飛行機や水素の運搬船も開発します。脱炭素の鍵となる電化にどうしても必要なのが蓄電池です。電気自動車や再生可能エネルギーの普及に必要な低コストの蓄電池を開発します。排出した二酸化炭素も、いわゆるカーボンリサイクルの技術を使って、プラスチックや燃料として再利用をします。

これらを政府が率先して支援することで、民間投資を後押しし、240兆円の現預金の活用を促し、ひいては3000兆円とも言われる世界中の環境関連の投資資金を我が国に呼び込み、雇用と成長を生み出します。また、自動車から排出されるCO_2をゼロにすることを目指し、このため、電気自動車などを最大限導入していくための制度や規制を構築します。

デジタル化も、かつて指摘されてきた課題を一挙に解決します。

マイナンバーカードの普及のため、カードを年度末までに申請していただいた方にはマイナポイントの期限を半年間延長します。カードと保険証の一体化を来年3月にスタートし、5年後までには運転免許証との一体化により、更新時の講習や書類の提出がオンラインでできるようになります。今回の経済対策でこれらを一挙に措置します。

5Gを機能強化した、いわゆるポスト5G、さらには次世代の技術である、いわゆる6Gの技術についても、次の技術で世界をリードできるよう、政府が先頭に立って研究開発を行います。今回の経済対策では、これらを含めたデジタル関係で、1兆円を超える規模を確保します。

デジタル化の司令塔となるデジタル庁は、来年秋の始動を目指して、現在、急ピッチで作業を進めています。情報システムの関係の予算を一元的に所管し、各省庁に対して勧告、是正ができる強い権限を持たせます。民間から100名規模の高度な専門人材を迎え、官民を行き来しながら、キャリアアップできるモデルをつくります。

いまだ新型コロナウイルスの感染が続く中で、いま、大事なのは安心感、そして、将来への希望です。当面は何が起きても対応できるように、十分な額の予備費を確保します。これらの措置により、国民生活の安心を確保し、将来の成長の基盤をつくります。

先月中旬から下旬にかけて出席したＡＳＥＡＮ（東南アジア諸国連合）関連、ＡＰＥＣ（アジア太平洋経済協力）、Ｇ20（金融・世界経済に関する首脳会合）といった一連の首脳会議においても、グリーンとデジタルが私の政権の最優先課題であることを積極的に発信いたしました。

同時に世界的なパワーバランスの変化により、国際秩序の在り方が大きく影響を受ける中、基本的価値と法の支配に根差した、自由で開かれたインド太平洋を実現していくことの決意を重ねて強調し、関係諸国との間で具体的な協力を進めることで一致しています。

特に今国会で承認を頂いた英国との包括的経済連携協定、さらには先月に中国、韓国を含む15か国と署名したＲＣＥＰ（東アジア地域包括的経済連携）も重要な成果であると思います。これらの協定、また、来年、我が国が議長国となるＴＰＰ11（環太平洋パートナーシップに関する包括的及び先進的な協定）の着実な実施と拡大に努め、自由で公正なルールに基づく経済圏の更なる進展を目指してまいります。

先月中旬には、政権発足後初めての外国首脳の訪日として、豪州のモリソン首相をお迎えしました。同首相との間では、自由で開かれたインド太平洋の実現という共通目標を確認した上で、経済分野での協力に加え、安全保障・防衛協力を新たな次元に引き上げる日豪円滑化協定の大枠合意に至ることができました。首脳間の個人的な信頼関係を深めるとともに、日豪の特別な戦略的パートナーシップを大きく進展させることができました。

また、米国のバイデン次期大統領との初めての電話会談では、日米安全保障条約第5条の尖閣諸島への適用、日米同盟の強化、自由で開かれたインド太平洋の実現に向けた協力を確認し、大変意義のあるやり取りができました。

これらの一連の首脳外交では、政権の最重要課題である拉致問題の解決に向けた協力も要請し、数多くの首脳から理解と協力の意向を示していただきました。コロナ対応の中で高まった自国中心主義や内向き志向なども相まって、これまで以上に予見しにくい国際情勢であるからこそ、我が国としては、多国間主義を重視しており、国際社会の団結と具体的な協力を主導していく決意であります。

そして、人類が団結してウイルスに勝った証として、来年、東京オリンピック・パラリンピックを開催する、私の強い決意についても、各国首脳から共感と支持を頂きました。これからも首脳外交を積極的に展開しながら、国際社会に対して我が国の立場をしっかりと発信していくとともに、様々な外交課題に全力で取り組んでまいります。

所信表明演説では、これまでお約束した改革については、できるものからすぐ着手し、結果を出して成果を実感していただきたい、このように申し上げました。

不妊治療については、保険適用を2022年度からスタートし、男性の不妊も対象にしたいと考えます。それまでの間は、助成制度の所得制限を撤廃した上で、助成額の上限を2回目以降もいままでの倍の一律30万円で6回まで、2人目以降の子どもも同様といたします。これらを来年すぐに実施できるよう、補正予算に盛り込みます。不育症の検査やがん治療に伴う不妊についても、新たな支援を行います。

2年前に、携帯電話料金については、4割は下げられると講演で申し上げました。国民の財産である電波の提供を受けながら、大手3社が9割の寡占状態を長年維持し、世界的に見ても高い料金、不透明な料金体系、しかも、20パーセントもの営業利益を上げ続けている。このような国民として当たり前の感覚からすれば、大きくかけ離れている事実に問題意識を持ってきました。

今回、大手のうちの1社が、大容量プランについて、2年前に比べて7割安い20ギガで2980円という料金プランをメインブランドの中で実現するとの発表がありました。本格的な競争に向けてひとつの節目を迎えたと思います。

本当の改革はこれからです。個々人の料金負担が本当に下がっているのか、サブブランドに移行する場合の手数料など、残された障害がないか見ていきながら、必要に応じて更なる対応を採っていきたいと思います。

菅内閣において重要なのは、変化に対応するスピードと国民目線の改革です。まずは新型コロナウイルスを何としても乗り越え、経済を回復させていきます。国民のために働く内閣として、全力で取り組んでまいります。

私からは以上であります。

【質疑応答】（質問者名は省略）

――総理は、会見でもいま、大事なのは、安心と将来への希望とおっしゃいました。それに関わるテーマについてお尋ねします。

「GoToトラベル」事業についてなのですけれども、感染の拡大に伴い、事業継続に対してリスクを指摘する声が挙がっています。政府は、現在、感染状況のステージの判断を各都道府県の知事に委ね、その判断に基づいて、最終的に政府が運用の見直しなどについて決定をすると説明しています。今後より迅速な対応を行うためにも、政府が感染状況の判断等も含め、より主体的に関わるよう、意思決定のプロセスを見直すお考えはありませんか。

また、それに関連して、更に政府ですとか自治体の権限や責任をより明確にするため、また、休業要請をする際の財政補償などをより明確にすることなどの目的の観点から、新型コロナウイルスの特措法改正案を来年の通常国会に提出する、そういったお考えはありませんか。

まず、「GoToトラベル」の見直しですけれども、地域の感染状況を踏まえて、各都道府県知事の意見を伺いながら国が最終的に判断する、このようになっています。

今回も、11月21日にコロナ対策本部で「GoToトラベル」の運用見直しを決定して、その後に札幌市、大阪市において到着分を対象外とした対応をいたしました。また、27日からは出発分についても控えていただくよう呼び掛けることにしました。

また、先般は、東京都知事からの要請を受けまして、東京都の到着、出発、両方について、高齢者の方や基礎疾患をお持ちの方は御利用を控えていただきたい、こうしたことの呼び掛けを行ったところです。

特措法の見直しでありますけれども、新型コロナの分科会において、強制力を伴う措置を認めるかどうか、これについては罰則を含めて規制強化をすべき意見だとか、あるいは私権を制限すべきではない、慎重な御意見もありました。

じっくり腰を据えた議論が必要だということでありましたけれども、今後はこれまでの知見を参考にし、事業者や個人の権利に十分配慮をしつつ、感染拡大防止にどのような法的措置が必要なのかという点について、分科会でも御議論いただく中で、政府として必要な見直しは迅速に行っていきたいと思います。

――総理の説明責任に関連してお伺いしたいと思います。日本学術会議の会員6名を任命されなかった問題をめぐって、いま国会でも説明不足を指摘する声が相次いでいました。会員任命後、国内で総理が記者会見をされるのは今日が初めてとなりますので、6人を任命しなかった理由と今後の対応、また、6人の方は具体的にどのような活動が認められれば将来的に任命される可能性があるのか、御説明いただけますでしょうか。

また、学術会議の在り方の見直しについて、政府から独立した組織にすべきとお考えでしょうか。いつまでに結論を出し、いつから適用するお考えか、お聞かせください。

また、説明責任の関連で、説明不足を指摘する声は、「桜を見る会」の前夜祭で安倍前総理側が費用負担していた問題に関しても強まっています。検察は前総理を聴取する方針で、安倍前総理も今日聴取があれば応じる考えをお示しになりましたが、当時の官房長官として、前総理本人を含めて事実関係を確認した上で、国民に御説明するお考えはありますでしょうか。

総理は、過去の国会答弁については、答弁をした責任は私にあり、事実が違った場合は対応すると、今国会で答弁されました。誰のどういった判断を基に事実と異なるかどうかを御確認されて、具体的にどのような対応を採るお考えでしょうか。

まず、私の会見の話でありますけれども、日本学術会議の任命について国会で何回となく質問を受けて、そこは丁寧にお答えをさせていただいています。この学術会議法にのっとって、学術会議に求められる役割も踏まえて、任命権者として適切な判断を行ったものです。

また、憲法第15条に基づいて、必ず推薦をされたとおりに任命しなければならないわけではないということについては、これは内閣法制局の了解を経た政府としての一貫した考え方であります。

そして、いずれにしろ、会員の皆さんを任命しますと公務員になるわけでありますます。公務員と同様でありますので、その理由についてはやはり人事に関することで、お答えを差し控えさせていただい。是非このことは御理解を頂きたいと思います。

また、一連の手続は終わっておりますので、新たに任命を行う場合には学術会議から推薦をいただくという必要があるというふうに思います。

また、私、梶田会長とお会いをして、今後、学術会議として国民から理解をされる存在として、よりよいものをつくっていきたい、こういうことで合意しました。

そして、今後、どのように行っていくかについては、井上担当大臣の下で、梶田会長をはじめ学術会議の皆さんとコミュニケーションを取って議論をしているところであります。その方向性というのは、その議論の中で出てくるだろうと思います。

また、「桜を見る会」の中で、参議院予算委員会において私の答弁がありました。私は国会で答弁したことについて責任を持つことは当然である、そういう意味合いで私自身申し上げたことであります。

また、安倍前総理の関係団体の行事に関する私のこれまでの答弁については、安倍前総理が国会で答弁されたこと、あるいは必要があれば私自身が安倍前総理に確認しながら答弁を行ってきた、そういうことであります。

――新型コロナウイルスのワクチンについてお伺いします。ワクチンの接種については、いつ頃から始めるような目標でしょうか。また、総理御自身は接種される御予定はありますでしょうか。

まず、ワクチンについては、安全性とか有効性を最優先とすることが大前提だと思います。既に、先ほど申し上げましたように、国内でも治験が行われておりますが、今後こうした治験のデータ、これを最新の科学的知見に基づいてしっかり審査した上で承認したものについて、全額国の負担で接種を行わせていただきます。必要な方に直ちにそうしたワクチンが接種できるようにいろいろな準備や、自治体における迅速な体制というのにいま準備をしているところであります。

また、具体的な接種の時期についてでありますけれども、安全性・有効性をこれはしっかり確認した上でありますので、現時点において、政府のほうから予断を持ってその時期を明確にすることは控えたいと思います。

また、私のことでありますけれども、最初は医療関係者とか、高齢者とか、これからそうした順番を決めるわけであります。そういう中で、自分に順番が回ってきたら接種させていただきたいと思います。

――2050年カーボンニュートラルについてお伺いします。先ほど、総理は2兆円の基金にも言及されましたが、技術革新は非常に大事だと思いますけれども、やはりいろいろハードルがある中で、何より国民の理解、協力というのが一番大事なのではないかと思います。その国民が具体的にイメージしやすいようにするためにも、どのように理解を得ていくお考えでしょうか。

2050年カーボンニュートラルを実現するために、環境への投資を飛躍的に増やして、先ほど申し上げましたように、世界最先端のイノベーションを生み出すべく2兆円の基金を今回創設する予定です。

我が国の産業構造だとか、あるいは経済社会変革、発展につなげていく。このことを実行に移すには、やはり国民の皆さんの理解、いまの質問にありましたように、必要だというふうに思っています。様々な世代や分野の方が参画をして意見交換をする会議や、あるいは国と自治体の間で議論を行う会議、こうしたものを早期に開催をし、先進的な取組を広げていきたいというふうに思います。

こうした会議も含めて、今後様々な広報活動を行いながら、２０５０年カーボンニュートラル、これに向けた理解を促すと同時に、機運向上に取り組んでいきたい、全国的な地方の市町村を巻き込んだ、そうした会議も開きたい。このように思っています。

——安全保障の政策についてお伺いいたします。臨時国会が終わりますと、令和3年度予算編成に向けて動きが本格化すると思うのですけれども、政府はこれまで防衛費は8年連続で増額をしております。一方で、新型コロナウイルスの対策等で、財政状況は非常に厳しい状況にありますけれども、総理は現在の安全保障環境は厳しさを増しているという認識を示されております。総理として、今度の予算でまた増額をするというお考えはございますでしょうか。

関連しまして、安倍内閣では敵基地攻撃能力を含むミサイル阻止について、年内までにあるべき方策を示すという談話を出しております。この年内の結論というのがもう厳しいのではないかという観測もありますけれども、敵基地攻撃能力を持つのか、持たないのか、この結論をいつまでに出したいというふうに総理としてはお考えになっていますでしょうか。

まず、来年度の防衛費でありますけれども、中期防を踏まえて、現在、政府内において検討中でありますけれども、厳しさを増す安全保障環境の下で、国民の命と平和な暮らしを守る、そのために必要な防衛力の整備、これは着実に推進していきたい、このように思います。

そして、抑止力強化の在り方であります。これについては国家安全保障会議での議論を踏まえて、引き続き検討して、調整していきたいというふうに思います。

現時点において、その検討について、予断を持って答弁させていただくことは控えさせていただきたい、このように思います。

——来週の経済対策の規模と、その裏付けとなる第3次の補正の規模感についてなのですが、この時点での総理のお考えをお伺いできますでしょうか。

冒頭申し上げましたように、新型コロナ対策としての医療機関などの支援、雇用調整助成金や企業の資金繰りなど、雇用と事業の支援、地方向け交付金1・5兆円、グリーン投資の基金2兆円、デジタルで1兆円、予定しております。

そして、当面何が起きるか分からない状況でありますので、予備費、これもしっかり確保したいと思っています。こうした措置によって、当面のコロナ対策に万全を尽くし、国民生活の安全・安心をしっかり守っていきたい、このように思います。

現在、総額も含めて政府内で検討していますので、来週には閣議決定したいというふうに思っています。いずれにしろ、いま、最終段階でありますので、この場でお答えすることは控えたいと思います。

――75歳以上の医療費負担についてお伺いいたします。総理が目指す社会像としまして、自助・共助・公助を掲げておられます。一定の収入のある高齢者の負担を2割とし、負担を分かち合う改革は、この理念と整合的であるように思います。与党からは、先送りの圧力や対象者をより限定するよう求める声が上がりますが、これに対してどのように対応されますでしょうか。

少子高齢化社会が急速に進み、2022年には団塊の世代も後期高齢者になるわけであります。その分、当然、現役の世代の皆さんの負担も増えてくるわけでありますから、そうしたことを考えたときに、幅広く全世代型社会保障制度という中で、御負担をできる方を増やしていって、将来のそうした若い世代の負担を少しでも減らしていくという、こうしたことは大事だというふうに思います。次の世代に、そうした社会保障制度、全世代のものを引き継いでいくのが、これは私たちの役割ではないかというふうに思います。

先日、全世代型社会保障制度の会議の中で、関係大臣に対して私は、与党との調整も十分に図って取りまとめるよう、具体的な検討を進めるよう、指示いたしました。政府与党においても、最終的な調整が行われているだろうというふうに思います。政府としては、私が冒頭に申し上げましたように、少子高齢化が急速に進んで、もう団塊世代が後期高齢者になるのが目前でありますから、そうした中で我が国の将来を考えたときに、多くの方に少しずつでも御負担して、この安心・安全の社会保障制度というのをつくっていくことは大事だというふうに思います。

——日米関係についてお伺いします。来年1月20日に米国ではバイデン新大統領が就任する予定です。日米の首脳同士の個人的な更なる関係構築や、菅政権が掲げられる、外交の基軸に掲げる日米同盟の強化に向けて、早期の日米の首脳会談を検討されていると思います。現時点で具体的な訪米や会談の時期についてどのようにお考えでしょうか。よろしくお願いします。

まず、日米同盟というのは申し上げるまでもなく日本外交、安全保障の基軸であって、インド太平洋地域と国際社会の平和と繁栄の正に基盤となるものであります。我が国としては日米関係をさらに強固なものにして、自由で開かれたインド太平洋の実現に向けて、バイデン次期大統領と一層緊密に連携をしていきたい、これが基本的な考え方です。

先月、バイデン次期大統領との電話会談において、日米安全保障条約第5条の尖閣諸島への適用、日米同盟の強化、そして、自由で開かれたインド太平洋の実現に向けた協力、これを電話会談で確認することができました。

また、私の訪米についてでありますけれども、コロナ感染状況も見つつ、できる限り早い時期に会おうということで一致をしているところでありますので、具体的にいまは何ら決まっておりませんけれども、今後しかるべきタイミングで調整をしたいと、このように思います。

――総理、今年10月の国民の自殺者数というのが5年ぶりに2100人を超えました。特に9月と比較しまして、女性の自殺者数の割合、増加割合が83パーセント増となっております。これはコロナについて、女性に非常にしわ寄せが来ているのではないかということが想定されるのですけれども、総理はですね、長官時代には国民に寄り添うということをしばしば口にされ、先ほどもまた、国民の命と暮らしを守ることが政府の責務だというふうにおっしゃいました。

ただ、この2ヵ月間、総理はですね、国民に対して直接もう少し頑張ってくれとか、そういった励ましの言葉を掛けられることはありませんでした。これからなおまだ厳しい状態が続くと思いますけれども、これからやはり国民に対してそういう言葉を掛けてくださるのか、それともやはりいままでのようにたとえば会見、国会が終わるとか、そういった節目節目しかされないのか、どちらなのでしょうか。お答えください。

菅内閣の方針については、官房長官が1日2回記者会見をさせていただいていました。これは世界主要国でも、現職の閣僚が記者会見するというのは日本だけと言ってもいいと思います。そういう中で、政権としての考え方を官房長官の記者会見を通じて国民の皆さんに理解をしてもらう。また、閣議は2回ある中で、関係閣僚も記者会見しております。
ただ、私自身についてでありますけれども、私自身も機会があるときに、そこはぶら下がりなどでメッセージを発出させていただいております。そうしたことも含めて、これから政権としてのそうしたコロナを始めとする対応策についてというのは、もっとしっかりと発信できるようにしていきたい、こういうふうに思います。

——総理、新型コロナウイルスの感染拡大が続いておりますが、一方で、衆議院議員の任期も来年秋に迫っております。衆議院解散総選挙の時期については現状どのようにお考えでしょうか。

まず、新型コロナウイルスの感染拡大を阻止して、そして、経済の再生、これが最優先であります。ここに全力でまずは取り組んでいきたい。しかし、とはいえ、私の衆議院議員の任期も来年の秋まででありますので、そこの中でいつか選挙を行う必要があるわけでありますので、時間的な制約、そうしたことも考えながら、そこはよくよく考えていきたい、こういうふうに思います。

——日本学術会議のことで、関連でお伺いします。先日、人文社会系の310の学協会が任命拒否を撤回するように声明を出したんですけれども、総理は先ほども国会で丁寧に説明をされているということもおっしゃったわけですけれども、アカデミズムからの反発というものは現状では止まっていないと思うんです。率直に任命見送りを判断されたときに、これほどまで反発が広がると思っていたのかどうか。また、これほどまでアカデミズムのほうが反発しているということに関してどう思われているか、認識をよろしくお願いします。

まず、この任命の問題でありますけれども、先ほど申し上げましたように、内閣法制局の了解を経た政府としての一貫の考え方として、必ずしも推薦どおり任命しなければならないというわけではないということが、まずは大前提です。

そういう中で学術会議そのものについて、これでいいのかどうかということを私は官房長官のときから考えてきました。日本に研究者と言われる方が90万人いらっしゃいます。その中で学術会議に入られる方というのは正に現職の会員の方が210人おります。また、その連携会員の方が2000名おります。そうした方の推薦がなければ、なれないわけでありますから、これは1949年ですかね。この組織ができてから、多くの関係者がいて、新しい方がなかなか入れないというのもこれは現実だというふうに思っています。

そういう中で、私自身は縦割り、あるいは既得権益、悪しき前例主義、そうしたものを打破したい。こうしたことを掲げて自民党総裁選挙も当選をさせていただきました。そういう中で、この学術会議もまた新しい方向に向かったほうがいいのではないかなという、そうした意味合いの中で、内閣法制局の了解を経た一貫した考えの下でここは自ら判断をさせていただいた。そういうことであります。

それで、これで大きくなるかどうかということでありますけれども、私はかなりなるのではないかなというふうには思っていました。

――「ＧｏＴｏトラベル」についての質問をします。「ＧｏＴｏトラベル」キャンペーンを強く推進する自民党の二階幹事長は全国旅行業協会の会長として務めていますが、結果的に他の業界に比べて自民党はこのトラベル業界を優遇するのではないかと思う国民はいると思われます。その点について、総理の御意見を聞かせてください。

「ＧｏＴｏトラベル」でありますけれども、そもそも日本には観光関連の方が約９００万人おります。全国にホテルや旅館、さらにはホテルや旅館で働く従業員の方、そしてお土産を製造する、あるいは販売をされる方、農林水産品を納入する方、そうした、まず地域で活躍されている方が観光を支え、観光に従事されている方が地域をしっかりと支えていただいているということもこれ、事実だというふうに思っています。そういう中で、この「ＧｏＴｏトラベル」を政府としては実行に移してきているところであります。

地域の中でそうした生活をしている人が当時は5月、6月は稼働率が1割とか2割だったんです。そうした人たちはもう、このまま行ったら正にこの事業を継続することができないというような状況の中で、私どもはこの「GoToトラベル」をさせていただいていまに至っています。二階幹事長が特別ということではなくて、何がこの地域の経済を支えるのに一番役立つのかなという中で判断をさせていただいているということであります。

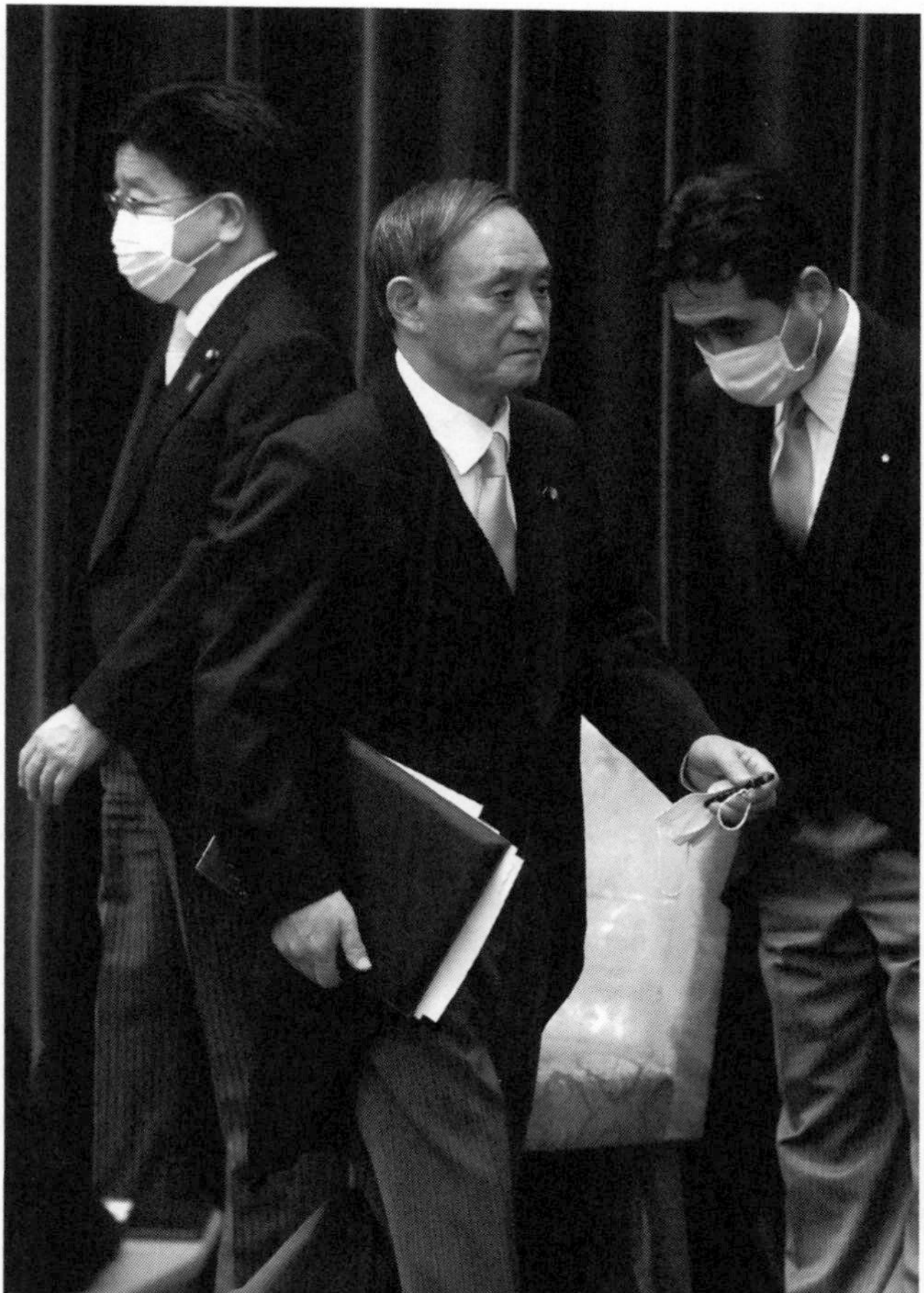

総理大臣就任後、会見する菅義偉氏（2020年9月16日）

宝島社新書

菅義偉　不都合な官邸会見録
(すがよしひで　ふつごうなかんていかいけんろく)

2021年1月23日　第1刷発行

著　者　望月衣塑子＋特別取材班
発行人　蓮見清一
発行所　株式会社　宝島社
〒102-8388 東京都千代田区一番町25番地
電話：営業　03-3234-4621
編集　03-3239-0646
https://tkj.jp
印刷・製本：中央精版印刷株式会社

Printed in Japan
ISBN 978-4-299-01274-6